Die Gebührengesetznovelle

vom 29. April 1910

mit Abdruck der Begründung des Gesetzentwurfs.

Für den praktischen Gebrauch zusammengestellt

von

Dr. W. Dennler,
Kgl. Notar in München.

Nürnberg und Leipzig.
Verlag von U. E. Sebald.
1910.

U. E. Sebald, Kgl. Bayer. Hofbuchdruckerei, Nürnberg.

Vorwort.

Der Entwurf eines Gesetzes, Änderungen des Gesetzes über das Gebührenwesen betr., wurde am 29. September 1909 an die Kammer der Abgeordneten gebracht. Der Entwurf wurde in der zweiten Kammer vom besonderen (XX.) Ausschuß vorberaten. Referent war Landtagsabgeordneter Dr. Goldschmit, Korreferent Landtagsabgeordneter Dr. Einhauser.

Das Plenum der Abgeordneten pflog über den Gesetzentwurf zunächst Beratung in den Sitzungen vom 1., 2., 3. und 4. März 1910 (Sten. Ber. d. Verh. d. K. d. Abg. Bd. IX S. 753 ff., S. 789 ff., S. 825 ff., S. 855 ff.).

Von der Abgeordneten-Kammer wurde der Entwurf mehrfach geändert; die Änderungen betrafen insbesondere vom Art. I des Entwurfs die Ziff. 1, 2, 12, 14, 15, 16, 22, 24, 26. 30, 33. 34, 36, 37, 38, 39, 40, 41, 45, 47, 49, 51, 54, 60, 62, 63.

In der Kammer der Reichsräte wurde der Entwurf im vereinigten I. und II. Ausschuß vorberaten. Das Referat hatte Reichsrat von Thelemann. Im Plenum der Kammer der Reichsräte wurde der Entwurf in der Sitzung vom 11. April 1910 behandelt (Sten. Ber. d. Verh. d. K. d. RR. Bd. II S. 152 ff.). Die Kammer der Reichsräte unterzog den Entwurf in der ihm von der Abgeordneten-Kammer gegebenen Fassung Änderungen, so insbesondere hinsichtlich der Ziff. 1, 3, 14, 16, 24, 26, 40, 41, 51, 54.

Über die Beschlüsse der Reichsratskammer beriet die Kammer der Abgeordneten in ihrer Sitzung vom 18. April 1910 Beratung (Sten. Ber. d. Verh. d. K. d. Abg. Bd. X S. 550); sie trat den Beschlüssen der Reichsratskammer im allgemeinen bei, mit Ausnahme der Beschlüsse zu Art. 80 (Fideikommißgebühr), zu Art. 212 (besondere Abgabe für gewerblichen Unterricht), zu Art. 220 (besondere Abgabe bei Realgewerbeberechtigungen).

Den neuen Beschlüssen der Abgeordneten-Kammer stimmte aber die Kammer der Reichsräte in ihrer Sitzung vom 28. April 1910 bei.

Das Gesetz wurde am 29. April 1910 sanktioniert und ist in Nr. 30 des Ges.- und Verordn.-Blattes vom 30. April 1910 veröffentlicht.

Einleitung.

Mit dem Ablaufe des Jahres 1909 kommen die Zuschläge in Wegfall, die seit dem Jahre 1904 auf Grund der Gesetze vom 9. Juli 1904, 24. Dezember 1905 und 14. Dezember 1907 (Ges.- u. V.-Bl. 1904 S. 235, 1905 S. 699, 1907 S. 1075) zu den 2 prozentigen Immobiliargebühren (Art. 146 Abs. 1 Ziff. 3, Art. 253 Abs. 1 Ziff. 3 des Gesetzes über das Gebührenwesen) zu den Gebühren für Verträge oder Beschlüsse über die Errichtung von Aktiengesellschaften oder Kommanditgesellschaften auf Aktien oder über die Erhöhung des Aktienkapitals solcher Gesellschaften (Art. 153 ebenda) sowie zu den Gebühren für Jagdkarten und Jagdwaffenscheine (Art. 218 ebenda) erhoben worden sind. Aus dem Wegfalle dieser Zuschläge ergibt sich für die Staatskasse ein dauernder Einnahmeausfall von 750 000 Mk., für den bei dem Mangel einer anderweitigen Deckungsmöglichkeit aus den Gebühreneinnahmen Ersatz zu beschaffen ist. Außerdem macht der stets wachsende Staatsbedarf die dauernde Bereitstellung größerer Mittel erforderlich, von denen ein Teil gleichfalls zur Aufbringung aus den Gebühreneinnahmen verwiesen werden muß. Diese dauernde Beschaffung höherer Gebühreneinnahmen läßt sich nur auf dem Wege der Änderung des Gesetzes über das Gebührenwesen erreichen.

Der Entwurf schlägt vor, die Gebühr des Art. 153 Abs. 1 für Verträge oder Beschlüsse über die Errichtung von Aktiengesellschaften und Kommanditgesellschaften auf Aktien sowie über die Erhöhung des Grundkapitals solcher Gesellschaften auf den Betrag, der bisher infolge der Erhebung der Zuschläge nach den Gesetzen vom 9. Juli 1904, vom 24. Dezember 1905 und vom 14. Dezember 1907 zu entrichten war, dauernd zu erhöhen; auch soll die im Art. 153 Abs. 2 für Gesellschaften m. b. H. mit einem geringen Stammkapitale vorgesehene Begünstigung in Wegfall kommen (Art. I Ziff. XXII); ferner soll das Einbringen von Patent- und ähnlichen Gewerbsrechten in Gesellschaften höher besteuert sowie die Gebührenerhebung bei der Eintragung von Zweigniederlassungen auswärtiger Gesellschaften in das Handelsregister weiter ausgedehnt werden als bisher (Art. I Ziff. XIV, XXII).

Weitere Mittel will der Entwurf durch eine mäßige Erhöhung der Gebühren für die Eintragungen im Grundbuch (Art. 116), der Gebühren für die notarielle Beurkundung von Grundbuch- und Hypothekenbuchgeschäften (Art. 163), der Gebühren für notarielle Vollmachten (bisher Art. 174) sowie der Gebühren für Abschriften, Ausfertigungen und Beglaubigungen der Notare (Art. 176) beschaffen (Art. I Ziff. XVI, XXIV, XXVI, XXVII, XXVIII).

Auf dem Gebiete der Verwaltung sollen Mehrerträgnisse erzielt werden durch Erhöhung der Protokollgebühren (Art. 202 Ziff. 1), durch Erhöhung der Mindestsätze der Gebühren für Bescheide, Beschlüsse und Verfügungen (Art. 202 Ziff. 2) sowie durch Einführung einer besonderen Abgabe für eine Reihe wichtigerer Genehmigungen und Erlaubniserteilungen. Das Erträgnis dieser besonderen Abgaben soll zwischen Staat und Gemeinde verteilt werden und den Gemeinden dadurch eine Vermehrung ihrer Einnahmequellen eröffnet werden. Eine Erhöhung sollen außerdem die Gebühren für Jagdkarten und Jagdwaffenscheine (Art. 218) sowie einige andere Gebühren erfahren. (Art. 215, 219, 220, 222). (Art. I Ziff. XXXIV, XXXV, XXXVII bis XLI.)

Ferner sollen außer den bisher schon gebührenpflichtigen Lebens-, Leibrenten- und Feuerversicherungsverträgen der Gebührenpflicht auch die Versicherungsverträge bei den übrigen Versicherungsarten mit nur wenigen Ausnahmen unterworfen werden (Art. I Ziff. LVII bis LX).

Weitere Einnahmen sollen durch eine Erhöhung der Schreibgebühren in den Angelegenheiten der freiwilligen Gerichtsbarkeit sowie in der Verwaltung gewonnen werden (Art. I Ziff. VIII, XLII).

Von einer Erhöhung der Gebühren für den Grundstücksumsatz glaubt der Entwurf angesichts der derzeit schon bestehenden hohen Belastung des Immobiliarverkehrs mit Staatsgebühren und gemeindlichen Besitzveränderungsabgaben, zu denen neuestens noch die durch das Reichsstempelgesetz vom 15. Juli 1909 eingeführte Reichsstempelabgabe von Grundstücksübertragungen gekommen ist, absehen zu müssen. Umsomehr aber liegt Anlaß vor, den in der neuesten Zeit, insbesondere auf dem Gebiete des spekulativen Grundstückshandels mehr und mehr hervortretenden Umgehungen der Grundstücksumsatzgebühren durch gesetzgeberische Maßnahmen entgegenzutreten. Solche Umgehungen werden hauptsächlich erreicht durch Einbringung der zur Veräußerung bestimmten Grundstücke oder diesen gleichstehenden Rechte in Gesellschaften (Gesellschaften m. b. H., offene Handelsgesellschaften) und alsdann erfolgende Abtretung der sämtlichen Gesellschaftsanteile. Ferner haben es Zwischenveräußerer vielfach verstanden, ihre Geschäfte in Formen zu kleiden, die von den Immobiliargebühren nicht erfaßt werden konnten (Abtretung des Rechtes auf Auflassung, Abtretung der Rechte aus Vertragsanträgen oder Angebotsverträgen und dergleichen).

Die Vorschriften in Art. 178 Abs. 3, Art. 179 Abs. 2 des seitherigen Gebührengesetzes werden gleichfalls dazu benützt, um Zwischenerwerbungen und Immobiliargebühren zu ersparen. Auch die Hypothekbestellungsgebühren (Art. 119, 157) werden in neuerer Zeit öfters umgangen, indem die Beteiligten sich damit begnügen, anstatt eine Hypothek zu bestellen und eintragen zu lassen, die Eintragung einer Vormerkung zur Sicherung des Anspruchs auf Einräumung einer Hypothek zu beantragen (§ 883 BGB.), in welchem Falle die Gebühren der Art. 119, 157 erspart werden.

Solchen Gebührenumgehungen sollen die Vorschriften des Entwurfs unter Art. I Ziff. III, XVII bis XXI, LIV, LV) entgegentreten.

Abgesehen von den hiernach auf Erzielung von Mehrerträgnissen oder auf Verhütung von Gebührenumgehungen abzielenden Vorschlägen enthält der Entwurf noch zahlreiche Anregungen, durch welche bei der Anwendung des bisherigen Gesetzes hervorgetretenen praktischen Bedürfnissen entsprochen werden soll (Art. I Ziff. II, IV, IX, X, XI, XIII, XV, XXIX, XXX, XXXII, XXXIII, XXXVI, XLIII bis XLVII, LIII, LVI). Weitere Vorschläge des Entwurfs sind veranlaßt mit Rücksicht auf Neuregelungen in anderen Gesetzen (Art. I Ziff. I, V, VII, VIII, XII, XXV, LII).

Im Namen Seiner Majestät des Königs.

Luitpold,

von Gottes Gnaden Königlicher Prinz von Bayern, Regent.

Wir haben nach Vernehmung des Staatsrats mit Beirat und Zustimmung der Kammer der Reichsräte und der Kammer der Abgeordneten beschlossen und verordnen, was folgt:

Art. I.

Das Gesetz über das Gebührenwesen in der Fassung der Bekanntmachung vom 28. April 1907 (Ges.- u. V.-Bl. S. 395) und des Gesetzes vom 16. Juni 1908, die Scheckproteste betreffend (Ges.- u. V.-Bl. S. 311), wird dahin geändert:

I. Dem Art. 7 wird folgende Vorschrift als Abs. 2 angefügt:

„Die nach § 80b des Reichs-Gerichtskostengesetzes zu erhebenden Pauschsätze werden nur aus den bei Gericht zum Ansatze gelangenden Gebühren berechnet. Wegen der Erhebung von baren Auslagen in dem Verfahren vor dem Notar finden die Vorschriften der Art. 39a bis 39e[1]) entsprechende Anwendung"[2]).

Begründung:

Nach Art. 7 des Gesetzes über das Gebührenwesen finden in dem Verfahren der Zwangsversteigerung und der

---

1) Siehe Ziffer VII.

2) Satz 2 beruht seinem Inhalt nach auf einem Beschluß der Abgeordnetenkammer; ihm liegt die Erwägung zugrunde, daß die notariellen Gebühren im wesentlichen Verkehrssteuern sind, so daß ein 10 % iger Zuschlag sich nicht rechtfertigen würde (Sten. Ber. d. K. d. Abg. Bd. IX S. 768). Die jetzige Fassung hat Satz 2 auf Antrag des Referenten Reichsrats von Thelemann durch Beschluß der Kammer der Reichsräte erhalten. (Sten. Ber. d. Verh. d. K. d. RR. Bd. II S. 179.)

Zwangsverwaltung von Gegenständen des unbeweglichen Vermögens im Wege der Zwangsvollstreckung, die Vorschriften des Reichs-Gerichtskostengesetzes Anwendung. Dies gilt insbesondere auch von den Vorschriften des Reichs-Gerichtskostengesetzes über die Auslagenerhebung (§§ 79 ff.). Diese sind jedoch durch das Reichsgesetz vom 1. Juni 1909 (RGBl. S. 475) geändert worden. Hiernach werden zur Deckung der Schreibgebühren für die von Amts wegen zu fertigenden Schriftstücke sowie der Postgebühren Pauschsätze von 10 vom Hundert der zum Ansatze gelangenden Gebühren erhoben.

Es empfiehlt sich, das System der Abfindung der Staatskasse für Schreib- und Postgebühren durch Pauschsätze auf das Zwangsversteigerungs- und Zwangsverwaltungsverfahren zu übernehmen. Hierfür spricht nicht nur, daß dadurch die Erhebung der Gerichtskosten wesentlich vereinfacht wird, sondern, daß die Pauschsätze in dem dem Zwangsversteigerungsverfahren analogen Konkursverfahren durch das Reichsrecht gleichfalls eingeführt sind.

Die Pauschsätze können im Zwangsversteigerungs- und Zwangsverwaltungsverfahren indessen nur aus den bei Gericht zum Ansatze gelangenden Gebühren (Art. 8, 9, 11, 12, 13), nicht aber aus den bei den Notaren anzusetzenden Gebühren (Art. 10, 14) erhoben werden. Diese Gebühren tragen in der Hauptsache den Charakter von Verkehrssteuern (Art. 146). Sie sind überdies so hoch, daß die Erhebung eines 10prozentigen Zuschlags als Ersatz für die Kosten des Schreibwerkes und der Postgebühren sich nicht rechtfertigen lassen würde.

Soweit das Verfahren der Zwangsversteigerung sich bei dem Notar abspielt (Art. 25 AGzZwangsverstG.), bewendet es bei den bisherigen Vorschriften. Die Schreibgebühren des Notars (Art. 70 NotGebO.) bilden rückzuersetzende Gerichtsauslagen (§ 79 Nr. 6 RGKostG.). Für die Zustellungen, welche der Notar verfügt, gilt jetzt der § 80b, künftig der § 80a RGKostG. Durch die Pauschsätze, welche aus den bei Gericht zum Ansatze kommenden Gebühren erhoben werden, werden mithin die bei dem Notar anfallenden Schreibkosten nicht abgegolten.

II. Im Art. 10 wird dem Abs. 1 folgende Vorschrift als Satz 2 angefügt:

„Im Falle des Zuschlags an den bisherigen Eigentümer beträgt die Gebühr des Art. 146 eins vom Hundert" 1) 2) 3).

---

1) Die Vorschrift findet nach Erklärung des Vertreters der K. Staatsregierung auch dann Anwendung, wenn der Zuschlag an einen oder mehrere der bisherigen Eigentümer erfolgt.

Steigert der bisherige Teileigentümer außer seinem bisherigen Anteil noch den oder die Anteile seiner bisherigen Miteigentümer ein, so wird für seinen Teil die einprozentige Gebühr des Art. 146 berechnet, für die übrigen Teile die Gebühr des Art. 146 überhaupt, sohin 1 Proz. bei einem Wertsgegenstand bis zu 5000 Mk., 1½ Proz. bei einem Wertsgegenstand von 1000 bis 2000 Mk., 2 Proz. bei einem höheren Wertgegenstand jedoch ohne Rücksicht auf die Höhe des Objekts nur 1 Proz., wenn und insoweit der frühere Miteigentümer des nunmehrigen Erwerbers unter den Kreis der Verwandten nach Art. 146 Abs. I Ziff. 1 lit. a fällt (Verh. d. K. d. Abg. Bd. IX S. 769).

Befindet sich das Versteigerungsobjekt in einer Gesamthandsgemeinschaft und steht sohin ein Anteil an den einzelnen zum Gesamtgut gehörigen Gegenständen dem Anteilsberechtigten nicht zu, so ist ebenfalls nach Erklärung des Regierungsvertreters die 1% ige Gebühr in Ansatz zu bringen und zwar aus dem ganzen Wert des Grundstücks (a. a. O.).

2) Nach dem Entwurf sollte im Art. 10 als Abs. 2 noch folgende Vorschrift eingestellt werden:

„Wird der Zuschlag für Grundstücke oder diesen gleichstehende Rechte und für bewegliche Sachen erteilt und ist im Versteigerungsprotokoll der beweglichen Sachen nicht ausgeschieden (Art. 188), so ist der Ersteher befugt, behufs Erhebung der Gebühr des Art. 145 aus dem Wert der beweglichen Sachen den Wert der letzteren binnen 14 Tagen, von der Erteilung des Zuschlags an gerechnet, nachzuweisen", mit folgender Begründung:

Da das Versteigerungsprotokoll im Falle der Erteilung des Zuschlags den gleichen Gebühren unterliegt wie ein Kaufvertrag, findet auf dessen Bewertung, wie das Oberste Landesgericht in der Entscheidung vom 23. November 1908 (Sammlung 9 S. 625) ausführt, auch die Vorschrift im Art. 188 Anwendung. Nach diesem ist für einen Vertrag, durch welchen sich der eine Teil verpflichtet, das Eigentum an Grundstücken oder ein den Grundstücken gleichstehendes Recht und das Eigentum an beweglichen Sachen zu übertragen, von dem Werte der beweglichen Sachen die Gebühr des Art. 145 zu entrichten, wenn der Wert der beweglichen Sachen in der Urkunde besonders ausgewiesen wird. Die Ausscheidung des Wertes der beweglichen Sachen im Versteigerungsprotokolle selbst ist jedoch in der Praxis mit Schwierigkeiten verbunden. Um dem Ersteher die sich aus dem Art. 188 ergebende Begünstigung, die häufig, insbesondere bei der Versteigerung von Hotelanwesen u. dergl., von großer Bedeutung ist, zuteil werden zu lassen, sieht der Entwurf vor, daß die erforderliche Wertausscheidung hinsichtlich der beweglichen Sachen binnen 14 Tagen nach der Erteilung des Zuschlags soll erfolgen können. Selbstverständlich bleibt dadurch der Grundsatz unberührt, daß die für den Zuschlag geschuldete Immobiliargebühr (Art. 146) aus dem wahren Werte des Grundstücks erhoben wird. Im Falle des Art. 10 Abs. 2 wird also nicht etwa nur der nach Abzug des Wertes der beweglichen Sachen verbleibende Betrag des Zuschlags der Gebühr des Art. 146 unterstellt, sondern die Finanzbehörden haben die Wertausscheidung zu prüfen und veranlaßtenfalls nach Art. 40 ff. weiter vorzugehen.

Dieser Absatz wurde jedoch infolge der neuen Fassung des Art. 188 überflüssig und deshalb gestrichen worden (Verh. d. K. d. Abg. Bd. IX S. 769) vergl. des näheren Ziff. XXIII a.

3) Die neue Vorschrift äußert auch bei Art. 22 Ziff. 3 GebGes. bei der Zwangsversteigerung zwecks Aufhebung einer Gemeinschaft ihre Wirkung.

Begründung:

Während nach Art. 73 des bayerischen Gesetzes vom 23. Februar 1873, die Zwangsvollstreckung in das unbewegliche Vermögen wegen Geldforderungen betreffend (Subhastationsordnung), der Eigentümer des beschlagnahmten Grundstücks weder selbst bieten noch durch andere bieten lassen konnte, besteht eine solche Beschränkung für den Eigentümer des beschlagnahmten Grundstücks nach dem Reichsgesetz über die Zwangsversteigerung und die Zwangsverwaltung vom 24. März 1897 in der Fassung der Bekanntmachung vom 20. Mai 1898 (RGBl. S. 713 ff.) nicht mehr (§ 68 Abs. 3 des letztbezeichneten Ges.). Es ist daher unter der Herrschaft des Reichsgesetzes über die Zwangsversteigerung und die Zwangsverwaltung nicht ausgeschlossen, daß der Zuschlag dem bisherigen Eigentümer der Grundstücke erteilt wird.

Es ist der Zweifel entstanden, ob in diesem Falle die Vorschrift des Art. 10 Abs. 1, wonach das Versteigerungsprotokoll im Falle des Zuschlags wie ein Kaufvertrag zu bewerten ist, Anwendung findet und ob, wenn die Frage bejaht wird, die Gebühr des Art. 146 bei Gegenstandswerten von mehr als 2000 Mk. mit 1 oder mit 2 vom Hundert in Ansatz zu bringen ist. Daß die Erteilung des Zuschlags an den bisherigen Eigentümer gebührenrechtlich nicht anders behandelt werden kann wie die Erteilung des Zuschlags an einen Dritten, ergibt sich daraus, daß durch den Zuschlag das Eigentum des bisherigen Eigentümers seine rechtliche Natur ändert. Der Ersteher erlangt, wenn er bisher fehlerhaftes Eigentum hatte, mit dem Zuschlage fehlerfreies Eigentum; zum Nachweise seines Eigentums braucht er sich nur auf den Zuschlag zu berufen; insbesondere aber gehen durch den Zuschlag die durch das Meistgebot nicht gedeckten Hypotheken und sonstigen Lasten des Grundstücks unter und der Eigentümer haftet für sie nicht mehr, wenn er nicht der persönliche Schuldner ist. Es tritt also ein vollständiger Eigentumswechsel ein und damit rechtfertigt sich auch die Erhebung der bei dem Eigentumswechsel an einem Grundstücke geschuldeten Gebühr des Art. 146. Auf dem gleichen Standpunkte steht das Reichsstempelgesetz vom 15. Juli 1909.

Was dagegen die Höhe der Gebühr betrifft, so will der Entwurf für den Fall der Erteilung des Zuschlags an den bisherigen Eigentümer die ermäßigte Immobiliargebühr zu

1 vom Hundert in Anwendung bringen, nachdem diese Ermäßigung auch einzutreten hat, wenn der Zuschlag an Verwandte der im Art. 146 Abs. 1 Ziff. 1a bezeichneten Art erteilt wird.

III. Im Art. 14 werden:

1. Folgende Vorschriften als Abs. 3 eingestellt:

„Für die notarielle Beurkundung oder Beglaubigung der Abtretung der Rechte aus dem Meistgebot oder der Erklärung, für einen Dritten geboten zu haben (§ 81 des Gesetzes über die Zwangsversteigerung und die Zwangsverwaltung), wird die Gebühr des Art. 146 erhoben. Sofern jedoch die Abtretung oder die Erklärung im Versteigerungstermin[1]) erfolgt oder ein Gläubiger Meistbietender war, dem eine durch ein geringeres Gebot nicht oder nicht vollständig gedeckte Hypothek, Grundschuld oder Rentenschuld zustand, wird eine Gebühr von 1 Mk. erhoben."

2. Als Abs. 4 folgende Vorschriften beigefügt:

„Die Vorschriften des Abs. 3 finden auch dann Anwendung, wenn die Beurkundung oder Beglaubigung der Abtretung oder Erklärung nicht durch einen bayerischen Notar erfolgt; die Gebühr wird in diesem Fall bei der Eintragung in das Grundbuch erhoben"[2]).

Begründung:

Die Abtretung der Rechte aus dem Meistgebot und die Erklärung, für einen Dritten geboten zu haben (§ 81 des Ges. über die Zwangsverst. und die Zwangsverw.), kommen wirtschaftlich einer Veräußerung des Grundstücks selbst gleich. Sie ermöglichen die Ersparung einer Zwischenerwerbung und damit auch die Ersparung der mit einer solchen verbun-

---

1) Die Worte „im Versteigerungstermin" sind im gleichen Sinn zu verstehen, wie die entsprechende Vorschrift des Zwangsversteigerungsgesetzes. So lange die Abtretung oder Erklärung im Versteigerungstermin protokolliert werden kann, so lange greift die Gebührenermäßigung ein.

2) Der neue Abs. 4 beruht entsprechend einer Anregung des Referenten Reichsrats von Thelemann auf einem Beschluß der Kammer der Reichsräte (Sten. Ber. d. Verh. d. K. d. RR. a. a. O.).

denen Mutationsgebühr. Freilich wird innerhalb der zwischen dem Schlusse des Versteigerungstermins und dem Zuschlagtermine liegenden kurzen Frist von einer Woche (§ 87 Abs. 2 ZwangsverstG. und ZwangsverwG.) sich nicht häufig Gelegenheit zur Weiterveräußerung bieten. Indessen, wenn es der Fall ist, ist kein Grund ersichtlich, die Veräußerung von der Gebühr frei zu lassen. Das preußische Stempelsteuergesetz vom 30. Juni 1909 und das Reichsstempelgesetz vom 15. Juli 1909 stellen daher die Abtretung der Rechte aus dem Meistgebot und die Erklärung, für einen Dritten geboten zu haben, stempelrechtlich einer stempelpflichtigen Immobiliarveräußerung gleich. Das Gleiche beabsichtigt der Entwurf, indem er vorschreibt, daß für die notarielle Beurkundung oder Beglaubigung dieser Abtretung und dieser Erklärung die Gebühr des Art. 146 aus dem Werte des Grundstücks erhoben werden soll. Im Einklange mit dem preußischen und dem Reichsrechte soll jedoch eine Ausnahme eintreten, wenn die Abtretung oder Erklärung sofort im Versteigerungstermin erfolgt oder ein Gläubiger Meistbietender war, dem eine durch ein geringeres Gebot nicht oder nicht vollständig gedeckte Hypothek, Rentenschuld oder Grundschuld zustand. Die erstere Ausnahme trägt dem Interesse des Erstehers Rechnung, da anzuerkennen ist, daß sachlich gerechtfertigte Gründe vorliegen können, das Gebot durch andere abgeben zu lassen; auch ist in den Fällen der ersteren Ausnahme ein Mißbrauch der Befreiungsvorschrift nicht leicht möglich. In den Fällen der zweiten Ausnahme erscheint die Berücksichtigung des Gläubigers, der zur Rettung seiner Forderung das Meistgebot abgegeben hat, als billig.

IV. Der Art. 25 Abs. 2 erhält folgende Fassung:

„Auf die im Abs. 1 bestimmte Gebühr finden die Vorschriften der Art. 47 bis 50 entsprechende Anwendung. Über die Beschwerde entscheidet das Landgericht, in dessen Bezirk die Distriktsverwaltungsbehörde ihren Sitz hat, von der die Gebühr angesetzt worden ist."

Begründung:

Der bisherigen Vorschrift im Art. 25 Abs. 2, wonach auf die Entscheidung von Streitfragen über die Pflicht zur Entrichtung der im Art. 25 Abs. 1 bestimmten Gebühr oder über deren Größe die Vorschrift des Art. 250 entsprechende Anwendung zu finden hat, lag die Absicht zugrunde, den Beschwerdeweg hinsichtlich dieser Gebühr in gleicher Weise zu regeln wie bei den Besitzveränderungsgebühren (Art. 252) und den Gebührenäquivalenten (Art. 258). Nach den Vorschlägen des Entwurfs (Art. I Ziff. LIII, LVI[1]) soll sich das Beschwerdeverfahren hinsichtlich der Besitzveränderungsgebühr und der Gebührenäquivalente künftig nicht mehr nach den Vorschriften des Art. 250, sondern nach den Vorschriften bemessen, die für die Entscheidung von Beschwerden über den Ansatz von Gebühren in der freiwilligen Gerichtsbarkeit gelten. Es dürfte sich empfehlen, die gleiche Regelung auch hier zu treffen[2]).

Dementsprechend erklärt der Entwurf für das Beschwerdeverfahren die Art. 47 bis 50 für maßgebend.

V. Im Art. 26 Abs. 3 werden die Worte:
„die Vorschriften des Reichs-Gerichtskostengesetzes"
ersetzt durch die Worte:
„die Vorschriften der Art. 39a bis 39e."

Begründung:

In den im Art. 26 Abs. 1 bezeichneten Angelegenheiten finden hinsichtlich der Auslagen der Gerichte die Vorschriften des Reichs-Gerichtskostengesetzes Anwendung. Diese sind durch das Reichsgesetz vom 1. Juni 1909 (RGBl. S. 475) geändert worden, indem nunmehr für die Schreib- und Postgebühren Pauschsätze erhoben werden. Da in den Fällen des Art. 26 keine Gebühren zum Ansatze kommen, können auch keine Pauschsätze erhoben werden. Das Staatsärar würde also, wenn nicht die Anwendbarkeit der Pauschsätze ausgeschlossen wird, zwar Schreibgebühren für die nur auf Antrag erteilten Abschriften und Ausfertigungen (§ 79 Nr. 1), nicht aber Ersatz für die Postgebühren erhalten. Um das geltende Recht aufrecht zu erhalten, müssen daher hinsichtlich der Auslagenerhebung die für die freiwillige Gerichtsbarkeit geltenden Vorschriften der Art. 39a bis 39e für anwendbar erklärt werden, weil auch in der freiwilligen Gerichtsbarkeit von der Pauschalierung Umgang genommen ist (s. Art. I Ziff. VII, VIII).

1) Jetzt Ziff. LXV, LXIX.

2) Es sind also in Zukunft für die Beschwerden nicht mehr die Regierungsfinanzkammer und der Verwaltungsgerichtshof zuständig, sondern die Landgerichte und das Oberste Landesgericht.

VI. Der Art. 37 erhält folgende Fassung:

„In Ansehung der Gebühren für Ausfertigungen und Abschriften sowie in Ansehung der Auslagen sind die Vorschriften der Art. 225, 226a, 231, 233 maßgebend."

Begründung:

Die Änderung hat in der vom Entwurfe vorgesehenen Einschaltung des Art. 226a[1]) ihren Grund.

VII. Im Art. 39 werden

1. die Worte:

„der §§ 45 bis 47, 79, 80, 80a, 80b, 81, 84, des § 85 Abs. 5, der §§ 86 bis 93, des § 94 Nr. 2, 3, des § 97"

ersetzt durch die Worte:

„der §§ 45 bis 47, 81, 84, des § 85 Abs. 5, des § 86 Abs. 1, der §§ 87 bis 93, des § 94 Nr. 2, 3, des § 97 Abs. 2, des § 97a";

2. im zweiten Halbsatze wird die Verweisung auf den § 80b gestrichen.

VIII. Nach dem Art. 39 werden folgende Vorschriften eingestellt:

Art. 39 a.

„In den Angelegenheiten der freiwilligen Gerichtsbarkeit, welche von den Gerichten wahrgenommen werden, werden an baren Auslagen erhoben:

1. die Schreibgebühren;
2. die Post- und Telegraphengebühren sowie die im Fernverkehre zu entrichtenden Fernsprechgebühren;
3. die durch Einrückung einer Bekanntmachung in öffentliche Blätter entstehenden Kosten;
4. die an Zeugen und Sachverständige zu zahlenden Gebühren;
5. die bei Geschäften außerhalb der Gerichtsstelle den Gerichtsbeamten zustehenden Tagegelder und Reisekosten;

---

1) Siehe Ziffer LII.

6. die an andere Behörden oder Beamte oder an Rechtsanwälte für deren Tätigkeit zu zahlenden Beträge;
7. die Kosten eines Transports von Personen oder Sachen;
8. die Haftkosten nach Maßgabe der für die Strafhaft geltenden Vorschriften".

Art. 39 b.

„Die Schreibgebühren werden für Ausfertigungen und Abschriften erhoben. Die Schreibgebühr beträgt für die Seite, welche mindestens zwanzig Zeilen von durchschnittlich zwölf Silben enthält, zwanzig Pfennig, auch wenn die Herstellung auf mechanischem Wege stattgefunden hat. Jede angefangene Seite wird als voll berechnet. Für Schriftstücke, die in fremden Sprachen abgefaßt sind, für Schriftstücke in tabellarischer Form sowie für Verzeichnisse, Listen, Rechnungen, Handzeichnungen kann die Höhe der Schreibgebühr von der Staatsregierung anderweit bestimmt werden".

Art. 39 c.

„Für die von Amts wegen bewirkten Zustellungen[1]) werden bare Auslagen nicht erhoben. Die Erhebung der Schreibgebühr für die Ausfertigungen und Abschriften des zuzustellenden Schriftstücks sowie die Erhebung der baren Auslagen für die Zustellung durch Bekanntmachung in öffentlichen Blättern oder im Auslande wird hierdurch nicht ausgeschlossen".

Art. 39 d.

„Soweit in den Fällen der §§ 6, 45, 47 des Reichs-Gerichtskostengesetzes, dann in den Fällen der Art. 42 bis 45 Staatsgebühren nicht zu entrichten sind, werden auch Schreibgebühren nicht erhoben".

1) Unter den Zustellungen von Amts wegen, welche Auslagenfreiheit genießen, sind nur die in den Formen der Zivilprozeßordnung erfolgenden zu verstehen. Portopflichtig sind demnach, wie bisher, alle jene Zustellungen von Amts wegen, welche durch die Post, jedoch nicht in den Formen der Zivilprozeßordnung, sondern durch gewöhnlichen oder eingeschriebenen Brief, durch Postkarte usw. geschehen.

Art. 39 e.

„Schuldner der Schreibgebühr für Ausfertigungen und Abschriften, welche nicht von Amts wegen zu erteilen sind, ist der Antragsteller.

Die Schreibgebühr für Abschriften und Ausfertigungen, welche nicht von Amts wegen zu erteilen sind, wird sofort nach Anfertigung der Schriftstücke fällig".

Begründung:

Im Art. 39 GebG. waren seither für die Angelegenheiten der freiwilligen Gerichtsbarkeit, welche von den Gerichten wahrgenommen werden, die Vorschriften in den §§ 79, 80, 80a und 80b RGKostG. und in den Angelegenheiten der freiwilligen Gerichtsbarkeit, welche von den Notaren wahrgenommen werden, die Vorschriften im § 80 b RGKostG. für entsprechend anwendbar erklärt.

Diesen Vorschriften des Reichs-Gerichtskostengesetzes ist durch Art. III Ziff. 7 und 8 des am 1. April 1910 in Kraft tretenden Reichsgesetzes vom 1. Juni 1909, betreffend Änderungen des Gerichtsverfassungsgesetzes, der Zivilprozeßordnung, des Gerichtskostengesetzes und der Gebührenordnung für Rechtsanwälte (RGBl. S. 475), ein anderer Inhalt gegeben worden. Während früher, abgesehen von den Ausnahmen des § 80a, für Ausfertigungen und Abschriften eine Schreibgebühr von 10 Pfg. für die Seite sowie für die portopflichtigen Sendungen, soweit sie nicht Zustellungen von Amts wegen betrafen (§ 80b), das Porto mit dem wirklich zu entrichtenden Betrage den Parteien in Rechnung gestellt wurde, werden nach den neuen Vorschriften künftighin zur Deckung der Schreibgebühren und Porti Pauschsätze von 10 vom Hundert der anfallenden Gebühren erhoben (§ 80b). Neben diesen Pauschsätzen werden Porti überhaupt nicht angesetzt, Schreibgebühren aber, und zwar mit 20 Pfg. für die Seite, nur für solche Ausfertigungen und Abschriften berechnet, die nur auf Antrag erteilt oder ausgefertigt werden, weil die Partei es unterläßt, einem von Amts wegen zuzustellenden Schriftstücke die erforderliche Anzahl von Abschriften beizufügen (§ 79 Nr. 1, § 80). Da nach Art. VI des Ges. vom 1. Juni 1909, soweit in Reichsgesetzen oder in Landesgesetzen auf Vorschriften des Reichs-Gerichtskostengesetzes verwiesen ist, welche durch das Gesetz vom 1. Juni 1909 geändert sind, an deren Stelle die Vorschriften des letzteren Gesetzes treten, würden die neuen Vorschriften des Reichs-Gerichtskostengesetzes in den Angelegenheiten der freiwilligen Gerichtsbarkeit ohne weiteres Anwendung zu finden haben, wenn nicht eine entsprechende Änderung des Art. 39 erfolgt.

Die Änderung des Art. 39 läßt sich indessen nicht umgehen. In einer Reihe von Angelegenheiten der freiwilligen Gerichtsbarkeit, insbesondere für die Akte der Notare, in Grundbuchsachen, in Registersachen und Fideikommißsachen, werden vielfach sehr hohe Gebühren, welche den Charakter von Verkehrssteuern tragen, erhoben (Art. 60, 80, 118, 119, 145, 146, 153, 157, 158). Zu diesen Gebühren mit Rücksich tauf das Schreibwerk oder auf die Portiauslagen 10prozentige Zuschläge zu erheben, würde in keiner Weise gerechtfertigt sein. Auch sonst würde die Erhebung solcher Zuschläge mehrfach zu einer unverhältnismäßig hohen Mehrbelastung der Pflichtigen führen; dies gilt insbesondere zum Beispiel für die Eintragungen in das Handelsregister (Art. 55), bei welchen die Gebühren hoch, die Auslagen der Staatskasse aber für Schreibwerk oder Porti unbedeutend sind, ferner für die Vormundschaftssachen, in welchen seither Schreibgebühren überhaupt nicht erhoben wurden (Art. 93). Anderseits würde die Erhebung der bezeichneten Zuschläge in Nachlaßsachen den Interessen des Ärars in keiner Weise entsprechen. In Nachlaßsachen sind die Gebühren zumeist gering; das Erbenermittlungsverfahren, das oft sehr erhebliche Korrespondenzen und Schreibereien sowie viele portopflichtige Versendungen verursacht, ist gebührenfrei. Hier würde die Staatskasse weder für das Schreibwerk, noch für die verauslagten Porti eine auch nur annähernd ausreichende Vergütung erhalten.

Der Entwurf will daher im Art. 39 die Verweisung auf die §§ 79, 80, 80a und 80b RGKostG. in Wegfall kommen lassen. Dafür soll die Auslagenerhebung für die Angelegenheiten der freiwilligen Gerichtsbarkeit, welche von den Gerichten wahrgenommen werden, durch die neu einzufügenden Art. 39a bis d in einer Weise geregelt werden, die inhaltlich der bisherigen Regelung entspricht.

Eine Neuerung soll allerdings insofern eintreten, als die Schreibgebühren nicht wie bisher 10 Pfg., sondern 20 Pfg. für die Seite betragen sollen.

Die Erhöhung der Schreibgebühren von 10 Pfg. auf 20 Pfg. für die Seite ist deshalb geboten, weil die anfallen, den Schreibgebühren schon seit langem zur Deckung der der Staatskasse für die Besorgung des Schreibwerkes erwachsenden Kosten bei weitem nicht ausreichen. Die wirkliche Einnahme an Schreibgebühren bei den Gerichten betrug

im Jahre	1906	489 282 Mk.,
" "	1907 .	492 128 Mk.,
" "	1908	530 580 Mk.

Dagegen ist für die Besoldung der Gerichtsschreibereigehilfen im Budgetentwurfe für 1908/09 ein Betrag von 954 540 Mk. vorgesehen. Außerdem hat die Staatskasse den gesamten weiteren Aufwand für Papier, Schreibmaschinen, Schreibmaterialien usw. zu tragen. Aus ähnlichen Rücksichten wurden bereits auch anläßlich der Änderung des Reichs-Gerichtskostengesetzes durch das Reichsgesetz vom 1. Juni 1909 (RGBl. S. 475) die Schreibgebühren, die nicht von der Pauschalierung betroffen werden, sondern von den Parteien besonders zu ersetzen sind, auf 20 Pfg. für die Seite festgesetzt. Auch in dem badischen Gerichtskostengesetze vom 24. September 1908 wurden aus gleichen Gründen die Schreibgebühren in den Angelegenheiten der freiwilligen Gerichtsbarkeit von 10 Pfg. auf 20 Pfg. für die Seite erhöht.

Hiernach muß im Art. 39 die Verweisung auf die §§ 79, 80, 80a, 80b RGKostG. gestrichen werden. Zum Ersatz übernehmen die Art. 39a bis 39e den sachlichen Inhalt dieser in Wegfall kommenden Vorschriften. Der Art. 39a berücksichtigt dabei die neue Fassung, welche die Nr. 1, 2 § 70 RGKostG. durch das Gesetz vom 1. Juni 1909 erhalten haben. Der § 39b wiederholt den § 80 GKostG. in der durch Gesetz vom 1. Juni 1909 ergänzten Fassung. In Art. 39c findet sich der Inhalt des § 80b der bisherigen Fassung des Gerichtskostengesetzes wiedergegeben.

Der Art. 39d hält die Auslagenbefreiung aufrecht, welche sich aus der Nr. 1 des § 80a der bisherigen Fassung des Gerichtskostengesetzes ergibt.

Der § 86 Abs. 2 und der § 97 Abs. 1 GKostG. haben mit Rücksicht auf die Pauschalierung in dem Gesetze vom 1. Juni 1909 eine andere Fassung erhalten.

Der Entwurf übernimmt im Art. 39e den Inhalt des bisherigen § 86 Abs. 2 und des bisherigen § 97 Abs. 1 und streicht im Art. 39 die Verweisung auf den § 86 Abs. 2 und den § 97 Abs. 1.

Neu ist, daß im Art. 39 auch auf den § 97a RGKostG. (Art. III Ziff. 11 des Ges. vom 1. Juni 1909, RGBl. S. 475) verwiesen werden soll. Hiernach sollen Beträge bis zu 20 Mk.

durch Postnachnahme eingezogen werden können. Im Falle der Einlösung soll die Staatskasse das Porto für den Nachnahmebrief und die Vorzeigegebühr tragen. Durch die Einlösung wird das Recht der Erinnerung gegen den Kostenansatz nicht berührt. Die Anwendbarkeit des § 97a empfiehlt sich im Interesse der Geschäftsvereinfachung.

Die Ziff. VII, 2 des Entwurfs betrifft die von den Notaren vorzunehmenden Vermittlungen der Auseinandersetzung in Ansehung eines Nachlasses. Der Entwurf will hier lediglich das geltende Recht aufrecht erhalten und ergänzt deshalb den Art. 168 entsprechend (Art. I Ziff. XXV).

IX. Als Art. 40a wird folgende Vorschrift eingestellt:

Art. 40 a.

„Ist der Wert von den Beteiligten in der Absicht, die Gebühr zu hinterziehen, zu gering angegeben worden, so trifft jeden eine Geldstrafe bis zum doppelten Betrage der hinterzogenen Gebühr. Wird jedoch die Wertsangabe noch vor der Einleitung des Wertsermittlungsverfahrens (Art. 42, 43) von dem Pflichtigen selbst berichtigt, so tritt nur Ordnungsstrafe bis zu 30 Mk. ein".

X. Der Art. 42 Abs. 5 wird gestrichen.

Begründung:

Der Art. 42 Abs. 5 enthält die Vorschrift des Gebührengesetzes, auf Grund deren gegen die Beteiligten wegen unrichtiger Wertsangaben einzuschreiten ist. Aus der Stellung der Vorschrift unter den Bestimmungen über das amtliche Wertsermittlungsverfahren wurde vielfach abgeleitet, daß sie auf falsche Wertsangaben, die außerhalb des amtlichen Wertsermittlungsverfahrens gemacht worden sind, nicht anwendbar sei. Die Vorschrift muß aber auch für Fälle der letzteren Art gelten (Urteil des ObLGSt. vom 25. September 1906, Samml. Bd. 7 S. 68). Der Entwurf streicht daher den Abs. 5 des Art. 42 und übernimmt seine Vorschrift als Art. 40a. Aus der Stellung dieser Vorschrift ergibt sich schon, daß sie nicht nur bei den verhältnismäßigen Gebühren (Art. 41, 42), sondern auch in den übrigen Fällen (Art. 43) Anwendung findet. Als Beispiel der letzteren Fälle kommt insbesondere das Erbscheinverfahren (Art. 96) in Betracht.

Außerdem erscheint es angezeigt, die Berichtigung einer absichtlich falschen Wertsangabe mit der Wirkung des Ausschlusses der Hinterziehungsstrafe nur bis zur Einleitung des Wertsermittlungsverfahrens, also nicht mehr zuzulassen, wenn einmal das Rentamt seinen Wertsanschlag bekannt gegeben hat. Es entspricht dies auch dem Standpunkte der Steuergesetze (vgl. Art. 78 des Entw. des Einkommensteuergef. und die Begr. hierzu).

XI. Im Art. 54 werden

1. im Abs. 1 die Worte:

„sowie für einfache gerichtliche Ausfertigung"

ersetzt durch die Worte:

„sowie für Ausfertigungen";

2. im Abs. 3 wird das Wort: „einfachen" gestrichen.

Begründung:

Die bisherige Fassung des Art. 54 hat mitunter insofern zu Mißverständnissen geführt, als die Zweifel laut wurden, ob jedes gerichtliche Zeugnis oder jede sonstige Verfügung unabhängig von der Gebühr, welche für die im Zeugnisse beurkundete Amtshandlung des Gerichts geschuldet ist, als Urkunde der Gebühr des Art. 54 Abs. 2 Nr. 1 oder als Ausfertigung des bei den Gerichtsakten befindlichen Beschlusses der Gebühr des Art. 54 Abs. 2 Nr. 2 unterliegt. Streitig ist auch, was der Art. 54 unter „einfachen" Ausfertigungen versteht. Da die Erteilung von vollstreckbaren Ausfertigungen gerichtlicher Urkunden mit Rücksicht auf die Abgrenzung der Zuständigkeit der Gerichte und der Notare zwar selten, aber immerhin möglich ist (zum Beispiel bei Verträgen, in denen sich der uneheliche Vater zur Zahlung des Unterhalts verpflichtet und der Zwangsvollstreckung unterworfen hat), wurde insbesondere die Meinung vertreten, daß im Sinne des Art. 54 einfache Ausfertigungen den Gegensatz zu vollstreckbaren bilden.

Die letztere Streitfrage glaubt der Entwurf dadurch erledigen zu sollen, daß er im Art. 54 den Begriff der „einfachen" Ausfertigungen beseitigt.

Im übrigen dürfte zu einer Änderung des Art. 54 kein Anlaß bestehen. Daß für ein gerichtliches Zeugnis oder einen sonstigen Beschluß nicht neben der Gebühr, die für die im Beschlusse beurkundete Tätigkeit des Gerichts geschuldet wird, noch die Gebühr des Art. 54 Abs. 2 Nr. 1 erhoben werden kann, hat das Oberste Landesgericht wiederholt ausgesprochen (z. B. Samml. Bd. 4 S. 383, 533, 643). Die Frage, ob für das der Partei erteilte Exemplar des Beschlusses die Ausfertigungsgebühr des Art. 54 Abs. 2 Nr. 2 geschuldet wird, kann nur dann bejaht werden, wenn die bei den Gerichtsakten befindliche Niederschrift des Beschlusses für das Original und das der Partei erteilte Exemplar für eine Ausfertigung angesehen wird; es ist aber streitig, ob nicht das der Partei erteilte Exemplar das Original und die bei den Gerichtsakten befindliche Niederschrift der Entwurf ist. Jedenfalls kann diese Streitfrage, die überdies zum größten Teil auf dem Gebiete des reichsgesetzlich geregelten Rechtes liegt, nicht im Gebührengesetze entschieden werden. Dieses geht davon aus, daß, wenn die von der Partei veranlaßte gerichtliche Verfügung, um für die Partei wirksam zu sein, in einer der Partei auszuhändigenden Urkunde beurkundet sein muß, z. B. das Wiederverehelichungszeugnis (§ 1314 BGB.), der Erbschein, für die erstmalige der Partei erteilte Niederschrift die Ausfertigungsgebühr nicht geschuldet wird. Dieser Gedanke hat übrigens bezüglich der Erbscheine im Art. 110 besonders Ausdruck gefunden.

Wird eine vollstreckbare Ausfertigung erteilt, so ist nur die Ausfertigungsgebühr des Art. 54 Abs. 2 Nr. 2 geschuldet, die Erteilung der Vollstreckungsklausel ist gebührenfrei (Art. 39 mit § 47 Nr. 15 GKostG.).

XII. Im Art. 55 erhält

1. die Nr. 1 lit. a folgende Fassung[1]):

„a) für die erste Eintragung der Firma 2 Mk., wenn der Kaufmann mit einer Gewerbsteuer überhaupt nicht veranlagt ist oder wenn die von dem Kaufmanne zu entrichtende Jahresgewerbsteuer 10 Mk. nicht übersteigt,

5 Mk., wenn sie mehr als 10 Mk., aber nicht mehr als 30 Mk. beträgt,

10 Mk., wenn sie mehr als 30 Mk., aber nicht mehr als 50 Mk. beträgt,

20 Mk., wenn sie mehr als 50 Mk., aber nicht mehr als 100 Mk. beträgt,

1) Die Nr. 1 lit. a des Art. 55 kann nach Erklärung des Regierungsvertreters sinngemäß nur gleichzeitig mit dem geplanten Einkommen- und Gewerbesteuergesetz in Kraft treten (Verh. d. K. d. Abg. Bd. IX S. 772).

30 Mk., wenn sie mehr als 100 Mk., aber nicht mehr als 200 Mk. beträgt,

50 Mk., wenn sie mehr als 200 Mk., aber nicht mehr als 350 Mk. beträgt,

75 Mk., wenn sie mehr als 350 Mk. beträgt";

2. in der Nr. 2 werden nach dem Worte „Kommanditgesellschaften" die Worte eingeschaltet:

„sowie bei solchen juristischen Personen, deren Eintragung in das Handelsregister mit Rücksicht auf den Gegenstand oder auf die Art und den Umfang ihres Gewerbebetriebs zu erfolgen hat";[1])

3. in der Nr. 3 Abs. 1 lit. b wird unter Ersetzung des Schlußpunktes durch einen Beistrich beigefügt: „mindestens ist jedoch das Zweifache der Sätze zu 1a in Ansatz zu bringen";

4. der Schlußsatz in Nr. 3 Abs. 2 nach dem Strichpunkt erhält folgende Fassung:

„mindestens ist jedoch das Zweifache der Sätze zu 1a sofort zu bezahlen."

Begründung:

1. Infolge der Einführung der allgemeinen Einkommensteuer und der Gewerbsteuer als Ergänzungssteuer werden sich die Sätze der Gewerbsteuer gegen bisher erheblich ermäßigen. Um die bisherige Gebührenbelastung aufrecht zu erhalten, sollen daher an Stelle der bisherigen Gewerbsteuersätze in Art. 55 Ziff. 1a die entsprechenden künftigen Sätze eingestellt werden.

2. Die Zusätze zu Nr. 3 Abs. 1 lit. b und Nr. 3 Abs. 2 sollen mit Rücksicht auf in der Praxis aufgetauchte Zweifel zum Ausdruck bringen, daß auch in den Fällen der Nr. 3 Abs. 1 lit. b stets mindestens das Zweifache der Sätze zu 1a zu entrichten ist. Diese Bewertungsweise ist geboten, damit nicht, z. B. wenn eine Gesellschaft, die mit einer Gewerbsteuer bis 350 Mk. veranlagt ist, ihr Gesellschaftskapital bis um 190 000 Mk. oder eine Gesellschaft, die mit Gewerb-

---

1) Ziff. 2 beruht auf einem Antrag der K. Staatsregierung und ist durch Beschluß der Kammer der Abgeordneten eingefügt (a. a. O.): sie bezweckt, größere Vereine und Versicherungsgesellschaften der erhöhten Registergebühr zu unterwerfen, während diese nach bisherigem Recht nur den Einzelkaufleuten gleichzustellen waren.

steuer von über 350 Mk. veranlagt ist, ihr Gesellschaftskapital bis um 440 000 Mk. erhöht, für die Eintragung des Erhöhungsbeschlusses eine niedrigere Gebühr geschuldet ist als für die Eintragung irgend einer unbedeutenden sonstigen Eintragung oder Löschung (Nr. 3 lit. c).

XIII. Im Art. 58 werden die Abs. 2, 3 gestrichen.

Begründung:

Die Streichung des Abs. 2 des Art. 58 hängt mit der Änderung des Art. 54 zusammen[1]). Bezüglich der beglaubigten Abschriften und Auszüge wird durch die Streichung eine Änderung des geltenden Rechtes nicht bewirkt. Insbesondere werden Auszüge aus dem Handelsregister auch künftig neben den Schreibgebühren nur 1 Mk. Gebühr kosten. Dagegen wird für Bescheinigungen aus dem Handelsregister die Gebühr von 1 Mk. auf 2 Mk. (Art. 54 Abs. 2 Nr. 1) erhöht. Ein hinreichender Anlaß, die Bescheinigungen aus dem Handelsregister günstiger als andere Bescheinigungen zu stellen, dürfte mit Rücksicht auf die Notwendigkeit der Beschaffung von Staatseinnahmen nicht bestehen.

Die Streichung des Abs. 3 des Art. 58 hat zur Folge, daß für Bescheinigungen, daß bezüglich des Gegenstandes einer Eintragung weitere Eintragungen im Handelsregister nicht vorhanden sind oder daß eine bestimmte Eintragung nicht erfolgt ist (§ 9 HGB.), die Gebühr nicht mehr 50 Pfg., sondern 2 Mk. beträgt. Sachlich stehen diese sogenannten negativen Bescheinigungen den Bescheinigungen und Zeugnissen anderer Art gleich und es dürfte deshalb angezeigt sein, sie ihnen auch gebührenrechtlich gleichzustellen.

Die Änderung des Art. 58 wirkt auch für die Art. 66, 70 und 74[2]).

XIV. Im Art. 60 werden

1. dem Abs. 2 folgende Vorschriften beigefügt:

„Wird bei einer Gesellschaft mit beschränkter Haftung die Zulässigkeit der Einforderung von Nachschüssen nicht in einer von einem bayerischen Notar beurkundeten Vertrag bestimmt, so werden die im Art. 153 für die Nachschüsse bestimmten Gebühren erhoben, sofern die Nach-

1) Siehe Ziffer XI.

2) D. h. für Schiffsbriefe, Eintragungen in das Vereinsregister und in das Güterrechtsregister.

schüsse eingefordert werden; die Vorschriften des Art. 153 Abs. 4 finden Anwendung.“[1])

2. im Abs. 4 wird unter Streichung der Worte:

„bei welcher der Hauptgeschäftsbetrieb stattfindet“ folgende Vorschrift als Satz 2 eingestellt:

„Wenn jedoch im Falle einer Zweigniederlassung[2]) bei dieser der Hauptgeschäftsbetrieb nicht stattfindet, so berechnet sich die Gebühr nach dem Werte des Anlage- und Betriebskapitals der Zweigniederlassung, im Falle der Erhöhung des Grund- oder Stammkapitals oder der Einlage nach demjenigen Betrage, der zu dem Betrage der Erhöhung des Kapitals oder der Einlage in demselben Verhältnisse steht wie der Wert des Anlage- und Betriebskapitals der Zweigniederlassung zu dem Werte des gesamten Anlage- und Betriebskapitals“[3]).

Begründung:

1. Im Art. 60 Abs. 2 wird der Erhöhung des Stammkapitals die Einforderung von Nachschüssen (§ 26 des Ges. über die Gesellschaften mit beschränkter Haftung in der Fassung vom Jahre 1898, RGBl. S. 846) gleichgestellt. Die Gleichstellung liegt schon im Sinne des geltenden Gebührengesetzes. Denn sachlich ist die Einforderung von Nachschüssen nur eine schon im Gesellschaftsvertrage vorbehaltene Erhöhung des Steuerkapitals. Die ausdrückliche Hervorhebung empfiehlt sich aber, um Zweifel abzuschneiden und Umgehungen zu verhüten.

2. Die Änderung des Art. 60 Abs. 4 bezweckt, die Anwendung der Vorschriften des Art. 60 Abs. 1 bis 3 künftig auch bei inländischen Zweigniederlassungen zu ermöglichen, bei denen der Hauptgeschäftsbetrieb nicht stattfindet, nachdem ein derartiger Unterschied auch anderwärts nicht gemacht wird (vgl. Tarifstelle des preuß. StempelStG. vom 30. Juni 1909).

---

1) Die jetzige Fassung des Gesetzes beruht auf Beschluß der Abgeordneten-Kammer (Verh. d. K. d. Abg. Bd. IX S. 772).

2) Zweigniederlassungen von Gesellschaften, die in Bayern ihren Sitz haben, fallen nicht unter Art. 60.

3) Bei den Wertsfeststellungen soll eine Beunruhigung der Beteiligten möglichst vermieden werden.

Die Gebühr soll jedoch Zweigniederlassungen, bei denen der Hauptgeschäftsbetrieb nicht stattfindet, nach dem Werte des Anlage- und Betriebskapitals der Zweigniederlassung, bei der Erhöhung des Grund- oder Stammkapitals oder der Einlage nach demjenigen Betrag erhoben werden, der zu dem Betrage der Erhöhung des Kapitals oder der Einlage in demselben Verhältnisse steht, wie der Wert des Anlage- und Betriebskapitals der inländischen Zweigniederlassung zu dem Werte des gesamten Anlage- und Betriebskapitals. Die Regelung lehnt sich an das preußische Recht an.

XV. Im Art. 80 erhält der Abs. 1 folgende Fassung:

„In den Fällen der Art. 78, 79 kommt außer den dort bestimmten Sätzen, sofern die Errichtung oder Vermehrung des Fideikommisses gerichtlich bestätigt wird, noch eine besondere Gebühr zu drei vom Hundert[1]) des gestifteten Vermögens ohne Abzug etwaiger Schulden zur Erhebung.“ [2])

XVI. Im Art. 92 Nr. 1 werden die Worte „mehr als 1000 Mark“ ersetzt durch die Worte „1000 Mark oder mehr“[3]).

XVII. Im Art. 96 wird

1. dem Abs. 3 nachstehende Fassung gegeben:

„Ist der Erbe nur zu einem Teile der Erbschaft berufen und der Erbschein nur über die Größe dieses Erbteils zu erteilen, so erfolgt

1) Nach der bisherigen Fassung war lediglich eine Gebühr von 2 Proz. vorgesehen gewesen. Entsprechend einem Antrag „Dr. Freiherr von Haller und Genossen“ wollte die Kammer der Abgeordneten zunächst die Gebühr auf 5 Proz. erhöhen.

2) Der Zukauf von Grundstück unter Verwendung von Surrogatkapitalien fällt nach Erklärung des Vertreters der K. Staatsregierung nicht unter Art. 80, weil in einem solchen Fall keine „Vermehrung“ des Fideikommisses vorliegt. Aus dem gleichen Grunde fällt eine Gebühr nicht an für den Umtausch von Grundrentenablösungspapieren, die zum Fideikommiß gehören, in Pfandbriefe — Eine „Vermehrung“ des Fideikommisses ist ferner auch nicht gegeben, wenn aus irgend einem Grunde, z. B. infolge Enteignung ein Teil des Fideikommißgrundbesitzes veräußert werden muß und dafür andere Grundstücke zugekauft werden. Maßgebend ist immer, ob die Neuerwerbung aus Fideikommißkapitalien oder aus Allodialvermögen erfolgt.

3) Die neue Fassung beruht auf Beschluß der Reichsratskammer.

die Erhebung der Gebühr nur aus dem Werte dieses Teiles. Wird über mehrere Erbfälle ein Erbschein erteilt, so werden die Beträge der Nachlässe zusammengerechnet";

2. nach Abs. 3 wird folgender neuer Absatz eingefügt:

„Ist der Erbschein nur für bestimmte Nachlaßgegenstände zu erteilen, so erfolgt die Erhebung der Gebühr aus dem Werte dieser Gegenstände ohne Abzug der Schulden; ist jedoch die Gebühr aus dem gesamten Nachlasse nach Abzug der Schulden geringer, so wird diese erhoben."

Begründung.

Beim Vollzuge des Art. 96 Abs. 3 sind Zweifel entstanden, ob, wenn der Erbschein nur über bestimmte Gegenstände erteilt wird, die auf diesen Gegenständen lastenden Schulden bei der Gebührenberechnung abzuziehen sind. Die Zweifelsfrage wurde vom ObLG. mit Entsch. vom 4. Januar 1905 Samml. Bd. 6 S. 1 dahin entschieden, daß dieser Schuldenabzug nicht statthaft ist. Es erscheint jedoch billig, daß, wenn in solchen Fällen die Gebühr aus dem ganzen Nachlasse nach Abzug der Schulden geringer ist als die Gebühr aus dem Werte der Gegenstände ohne Abzug der auf letzteren lastenden Schulden, nicht mehr erhoben wird, als erstere Gebühr beträgt.

Da es sich nur um eine authentische Auslegung des Art. 96 handelt, findet der Art. I Ziff. XV auch in den vor dem Inkrafttreten des Entwurfs eingetretenen Erbfällen Anwendung.

XVIII. Dem Art. 104 Abs. 1 wird folgende Vorschrift beigefügt:

„Die Gebühr für die Ausschlagung einer Erbschaft oder die Ablehnung der Fortsetzung einer Gütergemeinschaft kann von dem Nachlaßgerichte niedergeschlagen werden, wenn dies mit Rücksicht auf die Verhältnisse des Pflichtigen als billig erscheint"[1][2].

---

1) Die neue Vorschrift beruht auf einer Anregung der Kammer der Abgeordneten (Verh. d. K. d. Abg. Bd. IX S. 780).

2) Es ist nicht notwendig, daß der Nachlaß überschuldet ist; anderseits kann die Gebühr auch bei Überschuldung des Nachlasses erhoben werden. (Referat des Reichsrates von Thelemann.)

XIX. Im Art. 115 werden nach dem Worte „Inventarerrichtung" die Worte eingeschaltet:

„für die Pflegschaft für einen noch nicht erzeugten Nacherben sowie für die Erklärung der Annahme, Ablehnung oder Kündigung des Amtes als Testamentsvollstrecker."[1])

XX. Im Art. 116 erhält

1. der Abs. 1 folgende Fassung:

„Jede Eintragung in das Grundbuch, einschließlich der sie begleitenden Handlungen des Grundbuchamts, unterliegt, soweit in den folgenden Artikeln nicht ein anderes bestimmt ist, einer Gebühr, welche bei Wertsgegenständen bis zu 200 Mk. einschließlich ein Zehnteil der Sätze des § 8 des Reichs-Gerichtskostengesetzes, bei Wertsgegenständen über 200 Mk. 1 Mk., und bei Wertsgegenständen von mehr als 2000 Mk. 2 Mk. beträgt"[2]);

2. dem Abs. 2 wird folgender Satz beigefügt:

„Dies gilt jedoch nicht für Eintragungen, die infolge einer Eigentumsänderung erfolgen."

Begründung:

1. Für die Grundbucheintragungen wurde bisher, soweit nicht nach den Art. 118, 119 die Erhebung von verhältnismäßigen Gebühren zu erfolgen hatte, bei Wertsgegenständen bis zu 200 Mk. einschließlich ein Zehntel der Sätze des § 8 RGKostG., bei höheren Wertsgegenständen 1 Mk. erhoben. Diese Gebühren dürften im Hinblick auf

---

1) Die neue Vorschrift beruht auf einer Anregung der Kammer der Abgeordneten; der Sinn der Vorschrift ist, daß künftig neben den Gebühren für die Eröffnung einer Verfügung von Todes wegen, für die Sicherung des Nachlasses, für eine Nachlaßpflegschaft, für Inventarerrichtung auch noch die Gebühren für die Pflegschaft für einen noch nicht erzeugten Nacherben, sowie für die Erklärung der Annahme, Ablehnung oder Kündigung des Amtes als Testamentsvollstrecker dem Nachlasse zur Last fallen (Verh. d. K. d. Abg. Bd. IX S. 781).

2) Die Kammer der Abgeordneten wollte die höhere Gebühr erst bei einer Gegenstandssumme von mehr als 5000 Mk. eintreten lassen; von der Kammer der Reichsräte wurde aber der Regierungsentwurf wieder hergestellt.

die in anderen Staaten zur Erhebung kommenden Sätze sowie auf die Bedeutung des Grundbucheintrags unbedenklich in mäßiger Weise erhöht werden können. In Preußen werden z. B. erhoben: bei einem Wertsgegenstande von $\frac{\text{2000 Mk.}}{\text{3000 Mk.}}$ für die Einschreibung des Eigentums $\frac{\text{8.40 Mk.}}{\text{9.60 Mk.}}$, für die Einschreibung einer Hypothek $\frac{\text{4.60 Mk.}}{\text{6.20 Mk.}}$, für die Eintragung von Veränderungen, Vormerkungen, Widersprüchen $\frac{\text{2.30 Mk.}}{\text{3.10 Mk.}}$

Der Entwurf sieht die Erhöhung dieser Gebühren auf 2 Mk. vor. Um aber nicht eine unverhältnismäßige Belastung geringwertiger Eintragungen herbeizuführen, soll es hinsichtlich derjenigen Einschreibungen, deren Gegenstandswert 2000 Mk. nicht übersteigt, bei den bisherigen Sätzen bewenden.

2. Nach dem Abs. 2 des Art. 116 sind die Eintragungen in den Teil des Grundbuchblattes, welcher zur Eintragung des Grundstücks bestimmt ist, gebührenfrei. Die Vorschrift ist dem Art. 116 durch das Gesetz vom 20. August 1906 beigefügt worden. Das Gesetz wollte damit die Eintragungen, die im rechtsrheinischen Bayern im Titel des Grundbuchblattes erfolgen, gebührenfrei belassen; da aber in der Pfalz das Grundbuch anders eingerichtet ist und dort das sogenannte Personalfolium besteht, wurde die angeführte allgemeine Fassung gewählt.

Die Fassung hat jedoch zu dem Zweifel Anlaß gegeben, ob, wenn die Zu- und Abschreibung eines Grundstücks nur infolge des Wechsels des Eigentümers erfolgt, die Gebührenfreiheit gleichfalls Platz greift. Das Oberste Landesgericht hat die Frage bejaht. Damit ist indessen eine verschiedene Gebührenbelastung zwischen der Pfalz und dem rechtsrheinischen Bayern eingeführt worden.

Denn bei dem im rechtsrheinischen Bayern geltenden Realfolium wird der Wechsel des Eigentümers in dem für den Eigentümer bestimmten Teile des Grundbuchs (1. Abteilung) vermerkt, bei dem Personalfolium der Pfalz aber wird das Grundstück, wenn der Erwerber schon Grundstücke besitzt, für ihn also schon ein Blatt besteht, nur in dem für die Eintragung des Grundstücks bestimmten Teile des Grundbuchblattes zugeschrieben. In der Pfalz sind also Eintragungen, die im rechtsrheinischen Bayern gebührenpflichtig sind, frei.

Der im Entwurfe vorgeschlagene Zusatz wird die Rechtsgleichheit herbeiführen.

Für das rechtsrheinische Bayern tritt durch den Vorschlag keine Erhöhung der Gebührenbelastung beim Eigentumswechsel ein.

XXI. Im Art. 118 wird

1. im Abs. 2 das Wort „Erbbaurechts" ersetzt durch die Worte:

   „Rechtes, das den Grundstücken gleichsteht";

2. zwischen dem Abs. 2 und dem Abs. 3 wird folgender Absatz eingeschaltet:

   „Eine Urkunde im Sinne des Abs. 1 gilt als nicht vorhanden[1)] [2)] [3)], wenn die Urkunde

   a) die Veräußerung durch einen Bevollmächtigten enthält, die Veräußerung aber erweislich für Rechnung des Bevollmächtigten vorgenommen ist,

   b) die Veräußerung durch den Eigentümer enthält, die Veräußerung aber erweislich für Rechnung eines anderen vorgenommen ist,

   c) die Veräußerung an einen anderen enthält als an denjenigen, an den die Auflassung erfolgt, sofern nicht der in der Urkunde bezeichnete Erwerber das Geschäft erweislich auf Grund eines Vollmachtsauftrags oder einer Geschäftsführung ohne Auftrag für denjenigen abgeschlossen hat, an welchen die

---

1) Auf Grund einer gesetzlichen Fiktion gilt die Urkunde als nicht vorhanden; es tritt also nochmalige Bewertung ein.

2) Voraussetzung der nochmaligen Bewertung ist, daß die Zwischenvorgänge erweislich wahr sind. Die Art der Erbringung dieses Nachweises ist nicht gesetzlich fixierbar; die Finanzbehörden haben die Totalität der Vorgänge zu würdigen (Verh. d. K. d. Abg. Bd. IX S. 791).

3) Das Grundbuchamt hat, wie vom Regierungsvertreter erklärt wurde, kein Prüfungsrecht bezüglich der Zwischenerwerbungen, sondern es hat die Eintragungen zu vollziehen, wenn die bürgerlichrechtlichen Voraussetzungen vorliegen (a. a. O.).

Auflassung erfolgt[1]). Ist jedoch für die Urkunde, durch welche derjenige, an den die Auflassung erfolgt, das Recht auf die Auflassung erworben hat, nach Art. 146 a die Gebühr des Art. 146 entrichtet worden, so gilt die Urkunde als im Sinne des Abs. 1 vorhanden";

3. im Abs. 4 werden die Worte: „Abs. 3" ersetzt durch die Worte:
„Abs. 4".

Begründung:

1. Die Änderung des Abs. 2 des Art. 118 bezweckt nur eine Verbesserung der Fassung. Sachlich will auch das geltende Gesetz nicht nur das Erbbaurecht, sondern alle den Grundstücken gleichstehende Rechte (Art. 17 AGzGBO.), z. B. Bergwerkseigentum, selbständige Fischereirechte[2]), der Vorschrift des Art. 118 Abs. 2 unterwerfen. Dies folgt aus der allgemeinen Fassung des Art. 146 und des Art. 150, zu deren Ergänzung der Art. 118 bestimmt ist.

2. Der im Art. 118 neu einzuschaltende Abs. 3 hat ebenso wie der zu Art. 150 vorgeschlagene Zusatz den Zweck, den auf dem Gebiete des Grundstückshandels vielfach vorkommenden Umgehungen der Immobiliargebühren durch Vermeidung von Zwischenerwerbungen nach Tunlichkeit entgegenzutreten. Die Güterhändler sehen sehr häufig davon ab, das von ihnen zu zertrümmernde Grundstück auf ihren eigenen Namen zu erwerben. An Stelle der Zwischenerwerbung veranlassen sie den Besitzer des Grundstücks, ihnen zum Zwecke der Veräußerung des letzteren eine Verkaufsvollmacht auszustellen oder sie beschränken sich darauf, Grundstückskäufer ausfindig zu machen, an welche alsdann der Besitzer des Grundstücks direkt verbriefen muß. In diesen Fällen soll nach dem Entwurf ohne Rücksicht auf die erfolgte Erhebung der Immobiliargebühr des Art. 146 für den obligatorischen Veräußerungsvertrag die Gebühr des Art. 146 bei der Auflassung zu entrichten sein (Lit. a und b des vorgeschlagenen Art. 118 Abs. 3 und Art. 150 Abs. 2).

---

1) Der gesetzgeberische Grund dieser Ausnahmebestimmung ist der, daß die Veräußerung an den schließlichen Erwerber von vornherein beabsichtigt war und auch wirtschaftlich betrachtet eine Zwischenerwerbung nicht vorliegt (a. a. O.).

2) Auch Realgewerbeberechtigungen.

Wegen der lit. c des vorgeschlagenen neuen Art. 118 Abs. 3 zu vergleichen die Begr. zu Art. I Ziff. XX.[1]) Die Bestimmung ist erforderlich, um die Erhebung der Immobiliargebühr des Art. 146 in den Fällen sicherzustellen, in denen Abtretungen oder Erklärungen der im Art. 146a bezeichneten Art nicht von einem bayerischen Notar beurkundet sind.

XXII. Als Art. 118a wird folgende Vorschrift eingestellt:

Art. 118 a.

„Auf den Antrag, ein zum Vermögen einer Gesellschaft gehörendes Grundstück oder einem solchen gleichstehendes Recht auf den Namen eines Gesellschafters umzuschreiben, finden die Vorschriften des Art. 118 Abs. 1 bis 3 auch dann Anwendung, wenn nach den Vorschriften des bürgerlichen Rechtes eine Auflassung nicht erforderlich ist."

Begründung:

Wenn bei der offenen Handelsgesellschaft, der Kommanditgesellschaft, der Aktiengesellschaft, der Gesellschaft mit beschränkter Haftung oder bei anderen Gesellschaften ein Gesellschafter die Anteile der übrigen Gesellschafter erworben und dadurch alle Gesellschaftsanteile in sich vereinigt hat, so kann er die Umschreibung des Gesellschaftsvermögens auf seinen Namen im Grundbuche herbeiführen. Es ist bestritten, ob hierzu eine Auflassung erforderlich ist.

Wird die Auflassung für entbehrlich erachtet, so würde der Gesellschafter das Alleineigentum an den zum Gesellschaftsvermögen gehörenden Grundstücken erwerben, ohne hierfür die Immobiliargebühr zu schulden. Es ist in neuerer Zeit, namentlich in Preußen, häufig die Wahrnehmung gemacht worden, daß Gesellschaften mit beschränkter Haftung geradezu zu dem Zwecke gegründet werden, um Immobiliargebühren zu ersparen. Es wird zu diesem Zwecke das Grundstück, das an einen anderen übertragen werden soll, in eine Gesellschaft mit beschränkter Haftung eingebracht und demjenigen, der das Grundstück erwerben soll, werden sämtliche Anteile übertragen.

Daß die Umschreibung eines zum Vermögen einer Gesellschaft gehörenden Grundstücks auf den Namen eines Ge-

1) Jetzt: Ziff. XXV.

sellschafters einen Grundstücksumsatz enthält und deshalb die für Grundstücksumsätze geschuldete Gebühr des Art. 146 gerechtfertigt ist, kann keinem Zweifel unterliegen. Findet eine Auflassung statt, so kommt diese Gebühr schon nach der Vorschrift des Art. 118 zur Erhebung. Der vorgeschlagene Art. 118a ermöglicht die Erhebung der Immobiliargebühr auch dann, wenn seitens der Grundbuchämter in solchen Fällen die Auflassung nicht für erforderlich erachtet werden sollte.

Der Vorschlag schließt sich an das Reichsstempelgesetz vom 15. Juli 1909 (Tarifstelle 11d) an.

XXIII. Im Art. 119 werden

1. **im Abs. 1 nach den Worten „der Übertragung oder Belastung einer Hypothek, Grundschuld oder Rentenschuld" die Worte eingeschaltet:**

   „der Übertragung oder Belastung einer Forderung, für welche ein eingetragenes Recht als Pfand haftet";

2. **zwischen dem Abs. 1 und dem Abs. 2 wird folgender Absatz eingeschaltet:**

   „Der Eintragung einer Hypothek, Grundschuld oder Rentenschuld steht gleich die Eintragung einer Vormerkung zur Sicherung des Anspruchs auf Einräumung eines solchen Rechtes[1]). Tritt an Stelle der Vormerkung die Eintragung des Rechtes, so werden die bei der Eintragung der Vormerkung entrichteten Gebühren angerechnet;" [2])[3])

---

1) Andere Vormerkungen unterliegen nicht dieser Gebühr; insbesondere unterliegt ihr nicht die Sicherung eines Anspruchs, die durch eine Arresthypothek geschieht, da die Arresthypothek nicht vorgemerkt, sondern wirklich eingetragen wird (Äußerung des Regierungsvertreters in der Kammer der Reichsräte).

2) Keiner verhältnismäßigen Gebühr unterliegt die Übertragung oder Belastung einer Vormerkung (Verh. d. K. d. Abg. Bd. IX S. 792).

3) Die nach dem Reichsgesetz vom 1. Juli 1909 über die Sicherung der Bauforderungen (RGBl. S. 449) notwendig werdenden Bauvormerkungen müßten an sich mit der höheren Gebühr belegt werden.

Die Bewertung wird aber, wenn einmal der zweite Abschnitt dieses Gesetzes in Kraft tritt, gemäß § 64 RG. durch besondere landesherrliche Verordnung geregelt werden (a. a. O.).

3. der Satz 2 des Abs. 2 erhält folgende Fassung:
„Auf den Fall des Art. 157 Abs. 5 findet vorstehende Vorschrift keine Anwendung; das Gleiche gilt, wenn die Eintragung auf Grund einer einstweiligen Verfügung erfolgt." [1][2])

Begründung:

1. Die vorgeschlagene Ergänzung des Art. 119 Abs. 1 lit. b will lediglich Übereinstimmung dieser Gesetzesbestimmung mit Art. 158 herbeiführen.

2. Unter „Eintragung" im Sinne des Art. 119 ist nach der Rechtsprechung des Obersten Landesgerichts nur ein Definitiveintrag, nicht auch die Eintragung einer Vormerkung zur Sicherung des Anspruchs auf Einräumung einer Hypothek, Grundschuld, Rentenschuld (§ 883 BGB.) zu verstehen. Da demnach für die Eintragung einer Vormerkung zur Sicherung des Anspruchs auf Einräumung einer Hypothek, Grundschuld oder Rentenschuld nur die Gebühr des Art. 116 erhoben werden kann, wird die Eintragung einer solchen Vormerkung von den Parteien nach den gemachten Wahrnehmungen dazu benützt, um die Gebühren der Art. 119, 157 zu ersparen (ObLGE. vom 27. Juni 1908 Samml. Bd. 9 S. 397).

Um solchen Gebührenumgehungen vorzubeugen, soll die Vormerkung eines solchen Anspruchs der Eintragung des Rechtes im Sinne des Art. 119 gleichgestellt werden. Selbstverständlich sind jedoch bei der Umwandlung der Anspruchsvormerkung in die Eintragung des Rechtes die für die Vormerkung entrichteten Gebühren anzurechnen.

3. Die Vorschrift des Art. 119 Abs. 3 Satz 1 könnte dazu benutzt werden, um den Erfolg der neu aufzunehmen-

---

1) Der verhältnismäßigen Gebühr unterliegen demnach die Erklärung des Eigentümers über Bestellung einer Eigentümergrundschuld und die Eintragung auf Grund einer einstweiligen Verfügung.

Der gesetzgeberische Grund für die höhere Bewertung der Eintragungen auf Grund einstweiliger Verfügung ist der, weil nach § 885 BGB. einstweilige Verfügungen auf Eintragung einer Vormerkung besonders leicht zu erreichen sind, da eine Gefährdung des zu sichernden Anspruchs nicht glaubhaft gemacht zu werden braucht, und weil deshalb leicht zwischen Gläubiger und Schuldner zur Ersparung der höheren Gebühr die Eintragung einer Vormerkung im Wege der einstweiligen Verfügung vereinbart werden könnte (Verh. d. K. d. Abg. Bd. IX S. 792).

2) Unter die Gebührenerleichterung fallen demnach in Zukunft nur noch die Sicherungshypotheken, die kraft Gesetzes entstehen, und die Hypotheken, die auf Ersuchen der Behörden eingetragen werden (a. a. O.).

den Vorschrift zu vereiteln, daß die Eintragung der Vormerkung einer Hypothek gebührenrechtlich der Eintragung der Hypothek gleichgestellt wird. Nach dem Art. 119 Abs. 3 Satz 1 kommt nämlich, wenn es zu einer Eintragung der Bewilligung desjenigen, dessen Recht durch sie betroffen wird, nicht bedarf, nur die Eintragungsgebühr des Art. 116 zur Erhebung. Eine Vormerkung kann aber nach § 885 BGB. nicht nur auf Grund einer Eintragungsbewilligung sondern auch auf Grund einer einstweiligen Verfügung eingetragen werden.

XXIV. Im Art. 125 Abs. 2 wird das Wort „zurückgenommen" ersetzt durch die Worte „zurückgenommen oder zurückgewiesen"[1]).

XXV. Als Art. 146a wurden folgende Vorschriften eingestellt:

Art. 146 a.

„Für die Beurkundung[2]) der Übertragung der Rechte des Erwerbers aus einem Vertrage der im Art. 146 bezeichneten Art sowie für die Beurkundung der nachträglichen Erklärung des Erwerbers aus einem solchen Vertrage, die Rechte aus dem Vertrage für einen Dritten erworben oder die Pflichten daraus für einen Dritten übernommen zu haben, wird die Gebühr des Art. 146 erhoben, sofern nicht der erste Erwerber den Vertrag erweislich[3]) auf Grund eines Vollmachtsauftrags oder einer Geschäftsführung ohne Auftrag für einen Dritten abgeschlossen hat und die Übertragung der Rechte dieses ersten Erwerbers an den Dritten erfolgt[4]).

1) Die neue Fassung beruht auf Beschluß der Kammer der Reichsräte.

2) „Für die Beurkundung" ist gleichbedeutend mit „für jede Beurkundung", so daß also nicht nur die Schlußbeurkundung, sondern alle Zwischenbeurkundungen getroffen werden (Äußerung des Referenten Reichsrats von Thelemann im Ausschuß der Reichsratskammer).

3) Der Nachweis muß nicht aus der Urkunde selbst gefunden werden. Beweispflichtig ist derjenige der einen Vorteil aus der von ihm aufgestellten Behauptung für sich ableiten will (Erklärung des Finanzministers im Ausschuß der Reichsratskammer).

4) Bei den Erhebungen soll mit möglichst geringer Belästigung der Beteiligten vorgegangen werden und soll namentlich nicht in jedem Fall, in dem ein Bevollmächtigter auftritt, die Finanzbehörde von vornherein eine Gebührenumgehung annehmen (Reichsrat von Thelemann in der Reichsratskammer).

Das Gleiche gilt von Übertragungen der Rechte aus Anträgen zur Schließung eines entgeltlichen Vertrags der im Art. 146 bezeichneten Art, sofern der Antrag den Veräußerer bindet, sowie aus Verträgen, durch die nur der Veräußerer zur Schließung eines solchen Vertrags verpflichtet wird."

Begründung:

Die Übertragung der Rechte des Erwerbers aus einem Veräußerungsvertrage, die nachträgliche Erklärung des Erwerbers aus einem Veräußerungsvertrage, die Rechte aus dem Vertrage für einen Dritten erworben oder die Pflichten daraus für einen Dritten übernommen zu haben, die Abtretung der Rechte aus Anträgen zur Schließung eines entgeltlichen Veräußerungsvertrages, die den Veräußerer binden, sowie aus Verträgen, durch die nur der Veräußerer zur Schließung eines solchen Vertrages verpflichtet wird, ferner die Abtretung der Rechte aus dem Meistgebot und die Erklärung für einen anderen geboten zu haben, sind geeignet, Zwischenerwerbungen zu ersparen und damit die Immobiliargebühr des Art. 146 zu umgehen. Sehr häufig kommt vor, daß das durch einen Veräußerungsvertrag erworbene Recht auf die Auflassung vom Erwerber an einen Dritten abgetreten wird und daß alsdann die Auflassung direkt von dem ursprünglichen Veräußerer an den Dritten erfolgt. Für die Abtretung des Rechtes auf die Auflassung kann nach den gegenwärtigen gebührengesetzlichen Vorschriften die Gebühr des Art. 146 nicht erhoben werden (OLbGE. Samml. Bd. 9 S. 578). Die Abtretung aus Vertragsanträgen vollzieht sich meist derart, daß der Grundstücksbesitzer A dem B die Schließung eines Kaufvertrags anträgt (§§ 145 ff. BGB.), vielfach unter der Ermächtigung des B die Rechte aus dem Angebot abzutreten. B macht hiervon Gebrauch und überträgt seine Rechte an C, dieser an D, und es erfolgt schließlich die Auflassung von A an D, ohne daß für die dazwischenliegenden Übertragungen die Immobiliargebühr zu entrichten ist. Bei Abtretung aus Angebotsverträgen hingegen schließt der Grundstückseigentümer A mit B einen notariellen Vertrag ab, durch den er dem B oder einem von B zu bezeichnenden Dritten den Abschluß eines Kaufvertrags über sein Grundstück anbietet. Zur Annahme des Angebots wird eine bestimmte Frist festgesetzt. Noch vor deren Ablauf ist ein Teil des Kaufgeldes zu zahlen, der im Falle der Nichtannahme des Angebots als verfallen gilt. Hat B in C einen Erwerber gefunden, so schließen A, B und C einen weiteren Vertrag, in dem C den Vertragsantrag des A annimmt und an B eine Provision — meist die Preissteigerung — für die Zuführung des Grundstücks zahlt. Die Auflassung erfolgt unmittelbar von A an C. Auch hier würde, wenn die Steuerpflicht auf Veräußerungsverträge und Abtretungen der Rechte aus solchen beschränkt bliebe, für den Angebotsantrag zwischen A und B, obschon er wirtschaftlich als ein Veräußerungsvertrag anzusehen ist, eine Immobiliargebühr nicht zu entrichten sein.

Der Entwurf sieht daher zur Verhütung von Gebührenumgehungen nach dem Beispiele des preußischen Stempelsteuergesetzes vom 30. Juni 1909 sowie des Reichsstempelgesetzes vom 15. Juli 1909 (Tarif-Nr. 11a) vor, daß die vorbezeichneten Abtretungen und Erklärungen wie Weiterveräußerungen des Grundstücks oder den Grundstücken gleichstehenden Rechtes der Immobiliargebühr unterworfen werden sollen.

Hinsichtlich der Abtretung der Rechte aus dem Meistgebot und der Erklärung für einen anderen geboten zu haben, ist das Erforderliche in dem vorgeschlagenen neuen Absatz des Art. 14 vorgesehen (Art. I Ziff. III des Entw.)

Soweit die übrigen vorbezeichneten Abtretungen und Erklärungen von einem bayerischen Notar beurkundet sind, unterwirft sie der Art. 146a der Immobiliargebühr des Art. 146. Aus der Ausdehnung der Gebührenpflicht auf Übertragungen der Rechte des Erwerbers könnten sich jedoch Härten in denjenigen Fällen ergeben, in denen jemand als Bevollmächtigter oder Geschäftsführer ohne Auftrag für einen Dritten gehandelt hat. Deshalb ist die Übertragung der Rechte des ersten Erwerbers an den Dritten von der Immobiliargebühr frei gelassen, soweit eine solche Voraussetzung nachweislich vorliegt.

Soweit die bezeichneten Abtretungen und Erklärungen nicht von einem bayerischen Notar beurkundet sind, ist wegen der Sicherstellung der Entrichtung der Immobiliargebühr das Erforderliche in den vom Entwurfe vorgeschlagenen Bestimmungen Art. 118 Abs. 3 lit. c und Art. 150 Abs. 2 lit. c vorgesehen. In diesen Fällen soll die Erhebung der Immobiliargebühr bei der Auflassung erfolgen. Dies wird insbesondere dann einzutreten haben, wenn die vorbezeichneten Abtretungen und Erklärungen von einem bayerischen Notar nur beglaubigt sind oder wenn sie von einem nichtbayerischen Notar errichtet oder beglaubigt wurden.

XXVI. Dem Art. 150 wird folgende Vorschrift als Abs. 2 beigefügt:

„Eine solche Urkunde gilt als nicht vorhanden, wenn die Urkunde

a) die Veräußerung durch einen Bevollmächtigten enthält, die Veräußerung aber erweislich für Rechnung des Bevollmächtigten vorgenommen ist,

b) die Veräußerung durch den Eigentümer enthält, die Veräußerung aber erweislich für Rechnung eines anderen vorgenommen ist,

c) die Veräußerung an einen anderen enthält als an denjenigen, an den die Auflassung erfolgt, sofern nicht der in der Urkunde bezeichnete Erwerber das Geschäft erweislich[1]) auf Grund eines Vollmachtsauftrags oder einer Geschäftsführung ohne Auftrag für denjenigen abgeschlossen hat, an welchen die Auflassung erfolgt. Ist jedoch für die Urkunde, durch welche derjenige, an den die Auflassung erfolgt, das Recht auf die Auflassung erworben hat, nach Art. 146a die Gebühr des Art. 146 entrichtet worden, so gilt die Urkunde als im Sinne des Abs. 1 vorhanden."

Begründung:

Der Art. 150 regelt die Gebührenerhebung für die Fälle, in denen die Auflassung beim Notar erklärt wird.

Die Vorschriften, die in dem neu vorgeschlagenen Art. 118 Abs. 3 für die Erklärung der Auflassung beim Grundbuchamte vorgesehen sind, müssen naturgemäß auch hier getroffen werden.

Im übrigen wird auf die Begr. zu Art. I Ziff. XVII verwiesen[2]).

XXVII. Im Art. 153 werden

1. im Abs. 1 die Worte „ein und einhalb vom Hundert" ersetzt durch die Worte:

„zwei vom Hundert";

---

1) Über die Führung des Nachweises siehe Anm. 3 zu Ziff. XXV.
2) Ziff. XVII ist jetzt Ziffer XXI.

2. der Abs. 2 erhält folgende Fassung:

„Für Gesellschaftsverträge, welche die Errichtung von Gesellschaften mit beschränkter Haftung betreffen, wird eine Gebühr zu eins vom Hundert des Stammkapitals, für Verträge oder Beschlüsse, welche die Erhöhung des Stammkapitals solcher Gesellschaften oder die Einforderung von Nachschüssen betreffen, wird eine Gebühr zu eins vom Hundert des Betrags der Erhöhung oder der eingeforderten Nachschüsse erhoben. Übersteigt das Stammkapital solcher Gesellschaften bei der Errichtung 200 000 Mk., so kommt die Gebühr des Abs. 1 zur Erhebung[1]); übersteigt das Stammkapital infolge der Erhöhung 200 000 Mk. oder übersteigen das Stammkapital und die Summe der eingeforderten Nachschüsse den Betrag von 200 000 Mk., so berechnet sich die Gebühr nach dem Satze, welcher dem Betrag des Stammkapitals unter Hinzurechnung des Betrags der Erhöhung oder der Nachschüsse entspricht." [2])

3. der Eingang des Abs. 4 hat zu lauten:

„Wird das Aktien-, Grund- oder Stammkapital oder die Erhöhung oder werden die eingeforderten Nachschüsse . . .";

4. Im Abs. 4 Satz 2 werden die Worte „Geldstrafe von je 30 bis 300 Mark" ersetzt durch die Worte „Geldstrafe bis zum Betrage der Gebühr, welche nach dem Satz 1 zu entrichten ist"[3]).

---

1) D. h. 2 vom Hundert.

2) Die Fassung des Satzes 2 des Abs. 2 beruht auf einem Beschluß der Kammer der Abgeordneten (Verh. d. K. d. Abg. Bd. IX S. 805). Die großen Gesellschaften m. b. H. unterliegen also jetzt demselben Gebührensatz von 2 Proz. wie die Aktiengesellschaften.

3) Die Ziffer 4 beruht auf Beschluß der Kammer der Reichsräte; mit Rücksicht auf die erhebliche Erhöhung der Gebühren erschienen die bisherigen Strafen als nicht mehr genügend, um Sicherheit für die rechtzeitige Anzeigeerstattung zu gewährleisten. — In besonderen Fällen, insbesondere bei bloßem Versehen, kann der Richter jetzt sogar unter das bisherige Minimum heruntergehen. (Äußerung des Referenten Reichsrats von Thelemann in der Reichsratskammer.)

5. der Abs. 5 erhält folgende Fassung:

„Soweit in solchen Verträgen sich der eine Teil verpflichtet, nicht in Geld bestehendes Vermögen in die Gesellschaft einzubringen, wird neben der Gebühr der Abs. 1 bis 3, wenn das Einbringen in einem in Bayern gelegenen Grundstück oder den Grundstücken gleichstehenden Rechte besteht, die Gebühr des Art. 146, wenn es in anderen Gegenständen besteht, die Gebühr des Art. 145 erhoben. Dem Einbringen von Grundstücken oder diesen gleichstehenden Rechten wird gleichgeachtet das Einbringen des Rechtes auf Auflassung, des Rechtes aus einem Meistgebote (§ 81 des Gesetzes über die Zwangsversteigerung und die Zwangsverwaltung) sowie der Rechte aus sonstigen Übertragungen und Erklärungen der im Art. 14 Abs. 3 oder im Art. 146a bezeichneten Art, sofern es sich um in Bayern gelegene Grundstücke oder ihnen gleichstehende Rechte handelt. Dem Einbringen von anderen Gegenständen oder Rechten steht es gleich, wenn dem einen Teile die Einbringung solcher Gegenstände oder Rechte gestattet wird“[1]).

Begründung:

1. Verträge oder Beschlüsse über die Errichtung von Aktiengesellschaften oder Kommanditgesellschaften auf Aktien oder über die Erhöhung des Aktienkapitals solcher Gesellschaften unterlagen seither nach dem Art. 153 Abs. 1 GebG. einer Gebühr von $1^1/_2$ vom Hundert des Aktienkapitals oder der Erhöhung. Dazu wurde auf Grund der Gesetze vom 9. Juli 1904, vom 24. Dezember 1905 und vom 14. Dezember 1907 über die Erhebung eines provisorischen Zuschlags zu den Gebühren seit dem Jahre 1904 ein Zuschlag

1) Die jetzige Fassung des Abs. 5 beruht entsprechend einer Anregung des Referenten Landtagsabgeordneten Dr. Goldschmit auf einem Beschlusse der Kammer der Abgeordneten. Nach dem Regierungsentwurf sollte auch das Einbringen eines Patentrechtes, Gebrauchsmusterrechtes, eines sonstigen gewerblichen Schutzrechts oder eines Urheberrechts mit der Immobiliargebühr belegt werden; für solche Einbringen ist es aber nun bei dem bisherigen Satze von 3 ‰ jetzt geblieben.

von ½ vom Hundert erhoben. Der Entwurf beabsichtigt mit Rücksicht auf den mit dem Ablaufe des Jahres 1909 eintretenden Wegfall[1]) dieses Zuschlags die Gebühr auf 2 vom Hundert festzusetzen und somit lediglich die seitherige Belastung aufrecht zu erhalten.

2. Für Gesellschaftsverträge über die Errichtung von G. m. b. H. wird nach dem Art. 153 Abs. 2 GebG., falls das Stammkapital nicht mehr als 100 000 Mk. beträgt, eine Gebühr von 5 vom Tausend, falls es den Betrag von 100 000 Mk. übersteigt, eine Gebühr von 1 vom Hundert des Stammkapitals erhoben. Für Verträge oder Beschlüsse, welche die Erhöhung des Stammkapitals betreffen, wird, falls das Stammkapital nach der Erhöhung nicht mehr als 100 000 Mk. beträgt, eine Gebühr von 5 vom Tausend, falls es mehr als 100 000 Mk. beträgt, eine Gebühr von 1 vom Hundert des Betrags erhoben, um den das Stammkapital erhöht wird. Der Entwurf schlägt vor, daß die Gebühr in allen[2]) Fällen 1 vom Hundert betragen soll.

Die Unterscheidung des bisherigen Gesetzes ist dazu benützt worden, um Gebühren zu ersparen, indem das Stammkapital von G. m. b. H. bei der Gründung zunächst nur auf 100 000 Mk. oder weniger festgesetzt, alsbald nach der Gründung aber auf über 100 000 Mk. erhöht wurde. Hierdurch wurde erreicht, daß für die ersten 100 000 Mk. anstatt der Gebühr von 1 vom Hundert lediglich eine solche von 5 vom Tausend zu entrichten war.

3. Der Erhöhung des Stammkapitals der Gesellschaften m. b. H. muß die Einforderung von Nachschüssen gebührenrechtlich gleichgestellt werden (vgl. die Begr. zu Art. I Ziff. XIV)[3]).

4. Die vom Entwurfe vorgesehenen neuen Vorschriften des Art. 14 Abs. 3 und des Art. 146a (Art. I Ziff. III, Ziff. XX[4]) haben zur Folge, daß auch das Einbringen der Rechte aus einem Meistgebote (§ 81 ZwangsVerstG. und ZwangsVerwG.) sowie der Rechte aus sonstigen Übertragungen oder Erklärungen der in den Art. 14 Abs. 3, Art. 146a bezeichneten Art in eine Aktiengesellschaft, in eine Kommanditgesellschaft oder in eine G. m. b. H. der Immobiliargebühr des Art. 146 unterworfen werden muß. Dies ist

1) Tatsächlich ist der Zuschlag erst seit 1. April 1910 weggefallen.
2) Die neue gesetzliche Regelung ist aber doch wieder eine andere geworden.
3) Jetzt: Ziffer XV.
4) Jetzt: Ziffer XXV.

übrigens auch deshalb geboten, weil sonst leicht Gebührenumgehungen vorkommen könnten, indem Gesellschafter, die auf den Erwerb eines Grundstücks, das sie in die Gesellschaft einbringen wollen, schon Rechte erlangt haben, sich nicht das Grundstück durch Auflassung übertragen lassen, sondern statt seiner die darauf erworbenen Rechte oder das Recht auf Auflassung in die Gesellschaft einbringen.

XXVIII. Im Art. 157 Abs. 2 Satz 1 werden nach dem Worte „Rentenschuld" die Worte eingeschaltet:
„oder zur Eintragung der Vormerkung einer Hypothek-, Grund- oder Rentenschuld".

Begründung:

Für die notarielle Beurkundung der Bewilligung zur Eintragung der Vormerkung einer Hypothek, Grundschuld oder Rentenschuld kann nach dem gegenwärtigen Rechte nur die Gebühr des Art. 163 erhoben werden. Die Bewilligung zur Eintragung einer solchen Vormerkung leistet aber den Beteiligten in vielen Fällen die gleichen Dienste wie die Bestellung der Hypothek, Grundschuld oder Rentenschuld. Um Umgehungen der Gebühr des Art. 157 zu verhüten, soll daher die Bewilligung der Vormerkung der Hypothek, Grundschuld oder Rentenschuld der Bestellung eines solchen Rechtes in Ansehung der Gebührenpflicht gleichgestellt werden. Vgl. auch die Begr. zu Art. I Ziff. XIX[1]).

XXIX. Der Art. 163 Abs. 1 erhält folgende Fassung:
„Alle übrigen Rechtsgeschäfte über Grundstücke oder Rechte an Grundstücken, insbesondere Rechtsgeschäfte, durch die der Inhalt eines Rechtes an einem Grundstücke geändert wird, unterliegen bei einem Wertsgegenstande bis 200 Mk. einschließlich einer Gebühr von einem Zehnteile der Sätze des § 8 des Reichs-Gerichtskostengesetzes, bei einem Wertsgegenstande von mehr als 200 Mk. einer Gebühr von 1 Mk. und bei einem Wertsgegenstande von mehr als 2000 Mk. einer Gebühr von 2 Mk.[2]). Für Rechtsgeschäfte,

---

1) Jetzt: Ziffer XXIII.

2) Die Wertgrenze von 2000 Mk. entspricht dem Regierungsentwurf und beruht auf Beschluß der Reichsratskammer, während die Kammer eine solche von 5000 Mk. gewollt hätte (Verh. d. K. d. Abg. Bd. IX S. 806) vgl. auch Ziffer XX.

welche die Ersetzung der durch eine Hypothek gesicherten Forderung durch eine andere betreffen, wird die Gebühr des Art. 158 erhoben, sofern die neue Forderung einem anderen Gläubiger zusteht."

Begründung:

Der Art. 163 regelt die Gebührenbewertung der notariellen Urkunden über die sogenannten Grundbuchgeschäfte; hierher gehören insbesondere Löschungsbewilligungen, Pfandentlassungen, Rangeinräumungen, Änderungen von Zins- und Zahlungsbestimmungen, die Umwandlung einer Hypothek in eine Grund- oder Rentenschuld oder umgekehrt u. dgl.

Die Gebühr für diese Geschäfte beträgt nach dem bisherigen Gesetz 1 Mk. und, wenn der Gegenstandswert 200 Mk. nicht übersteigt, ein Zehntel der Sätze des § 8 RGKostG. Die bezeichneten Geschäfte sind jedoch häufig, insbesondere beim Immobiliarverkehr in größeren Städten sowie bei der Grundstücksspekulation, von nicht geringer Bedeutung. Es dürfte daher angängig sein, die Gebühr auf 2 Mk. zu erhöhen. Einer zu hohen Belastung geringwertiger Geschäfte sucht der Entwurf dadurch vorzubeugen, daß er es bei Gegenstandswerten von nicht mehr als 2000 Mk. bei den bisherigen Sätzen belassen will.

XXX. Der Art. 164 erhält folgende Fassung:

Art. 164.

„Urkunden, welche Rechtsgeschäfte über Grundstücke oder grundstücksgleiche Rechte außerhalb Bayerns oder über Rechte an solchen Grundstücken betreffen, unterliegen nur der Gebühr des Art. 145, sofern nicht nach den vorstehenden Artikeln eine geringere Gebühr zur Erhebung zu kommen hat"[1]).

---

1) Die neue Fassung des Art. 164 beruht entsprechend einem Antrag des Referenten Reichsrats von Thelemann auf Beschluß der Kammer der Reichsräte. — Die Folge der Änderung ist, daß diejenigen Artikel des Gebührengesetzes, welche Beurkundungen und Beglaubigungen von Akten, die sich auf Grundstücke oder Rechte an solchen beziehen, mit den gleichen Gebühren belegen, für Beglaubigungen von Rechtsgeschäften über Grundstücke außerhalb Bayerns oder Rechte an solcheu nicht Anwendung finden, und daß daher für solche Beglaubigungen jetzt nur mehr Art. 176a GebGes gilt. (Verh. d. K. d. RR. Bd. II S. 181.)

XXXI. Dem Art. 168 Abs. 1 wird folgende Vorschrift als Satz 2 angefügt:

„Wegen der Erhebung von baren Auslagen finden die Vorschriften der Art. 39a bis 39e entsprechende Anwendung."

Begründung:

Die Ergänzung des Art. 168 ist infolge der vorgeschlagenen Streichung der Verweisung auf den § 80b des Reichsgerichtskostengesetzes im Art. 39 erforderlich. Zu vergleichen die Begründung zu Art. I Ziff. VII und VIII.

XXXII. Als Art. 172 wird nachstehende Vorschrift eingestellt:

Art. 172.

„Für Vollmachten beträgt die Gebühr 2 Mk. Ist jedoch bei Vollmachten zur Vornahme eines einzelnen Rechtsgeschäfts die Gebühr für das Rechtsgeschäft geringer, so wird nicht mehr erhoben, als die Gebühr für das Rechtsgeschäft beträgt."

Begründung:

Die Gebühr für notarielle Vollmachten betrug nach den bisherigen Vorschriften 1 Mk. Der Entwurf will die Gebühr auf 2 Mk. erhöhen; bei Vollmachten zur Vornahme eines einzelnen Rechtsgeschäftes soll jedoch nicht mehr erhoben werden, als die Gebühr für das Rechtsgeschäft beträgt. Eine so mäßige Erhöhung der Gebühr für Vollmachten dürfte einem besonderen Bedenken nicht unterliegen. In den meisten anderen Bundesstaaten werden Vollmachten, und zwar nicht bloß notariell beurkundete, sondern auch sonstige Vollmachten, mit erheblich höheren nach dem Gegenstandswert abgestuften Gebühren besteuert. Von einer Besteuerung nach dem Gegenstandswerte glaubt der Entwurf jedoch, um den Rechtsverkehr nicht zu erschweren, absehen zu sollen.

XXXIII. Im Art. 173 werden die Worte „Art. 145 oder 146" ersetzt durch die Worte „Art. 153".[1])

1) Die Neuerung, die lediglich redaktioneller Natur ist, beruht auf einem Beschluß der Kammer der Abgeordneten; die bisherige Verweisung auf Art. 145 oder 146 traf nicht mehr zu, da die Bewertung der Gründung von Gesellschaften m. b. H. oder der Erhöhung ihres Stammkapitals jetzt ausschließlich nach Art. 153 geschieht.

XXXIV. Im Art. 176 werden

1. im Abs. 1 die Worte „50 Pfennig“ ersetzt durch die Worte:

   „1 Mark“;

2. im Abs. 2 werden die Worte „sowie für andere Ausfertigungen oder beglaubigte Abschriften beträgt die Gebühr 50 Pfennig“ ersetzt durch die Worte:

   „sowie für andere Ausfertigungen beträgt die Gebühr 1 Mark“;

3. die Abs. 3, 4 werden gestrichen.

XXXV. Als Art. 176a werden folgende Vorschriften eingestellt:

Art. 176 a.

„Für beglaubigte Abschriften beträgt die Gebühr 1 Mk. Für sonstige Beglaubigungen, Zeugnisse und andere derartige Bescheinigungen, über welche keine förmliche Notariatsurkunde errichtet wird, beträgt die Gebühr 1 Mk. 50 Pfg. Ist jedoch bei Beglaubigungen die Gebühr für die Beurkundung des Rechtsgeschäfts geringer oder wird durch den Notar[1]) eine Urkunde beglaubigt, welche er selbst entworfen hat oder deren Entwurf in der Hauptsache von ihm herrührt[2]), so gelangt für die Beglaubigung die Gebühr zur Erhebung, die im Falle der Beurkundung durch den Notar zu entrichten sein würde[3]).

Für die dem Grundbuchamte gemäß § 9 Abs. 1 der Grundbuchordnung zur Aufbewahrung vorzulegende beglaubigte Abschrift der Urkunde wird die Gebühr des Abs. 1 dann nicht erhoben, wenn die

---

1) Das Wort „Notar“ ist nicht persönlich, sondern sachlich aufzufassen und gleichbedeutend mit „Notariat“ zu nehmen; auch wenn ein Gehilfe den Entwurf gefertigt oder bei ihm mitgewirkt hat, ist es so anzunehmen, als ob der Notar ihn gefertigt hätte. (Referat des Reichsrates von Thelemann.)

2) Der Notar muß in der Hauptsache und nicht allenfalls nur in einem Nebenpunkt mitgewirkt haben (a. a. O.).

3) Satz 2 beruht in seiner jetzigen Fassung hauptsächlich, entsprechend einem Antrag des Referenten Reichsrats von Thelemann, auf Beschluß der Reichsratskammer.

Urkunde, von welcher beglaubigte Abschrift vorzulegen ist, von dem Notar selbst aufgenommen worden ist.“

Begründung:

1. Nach den Vorschlägen des Entwurfs soll der Mindestbetrag der Gebühr für vollstreckbare Ausfertigungen, ferner die Gebühr für vollstreckbare Ausfertigungen von Urkunden über einen Anspruch, für welchen eine Hypothek, Grundschuld oder Rentenschuld besteht, sowie die Gebühr für Ausfertigungen von bisher 50 Pfg. auf 1 Mk. erhöht werden.

Bei den Beglaubigungen soll unterschieden werden zwischen beglaubigten Abschriften und sonstigen Beglaubigungen. Für erstere soll die Gebühr von 50 Pfg. auf 1 Mk., für letztere soll sie von 50 Pfg. auf 1 Mk. 50 Pfg. erhöht werden. Den sonstigen Beglaubigungen werden wie im geltenden Rechte Zeugnisse und andere Bescheinigungen, über welche keine förmliche Notariatsurkunde errichtet wird, gleichgestellt. Hiernach wird insbesondere die Beglaubigung von Unterschriften künftig nicht mehr 50 Pfg., sondern 1 Mk. 50 Pfg. kosten.

Die vorgeschlagene Erhöhung bedeutet für den einzelnen Pflichtigen keine nennenswerte Verteuerung, bringt aber der Staatskasse eine nicht unerhebliche Mehrung. Ihre Rechtfertigung findet die Erhöhung nicht nur in dem Bedürfnisse der Schaffung von Mehreinnahmen, sondern auch darin, daß die geltenden Sätze hinter jenen der meisten anderen deutschen Staaten zurückbleiben.

2. Wird die Gebühr für die vollstreckbaren Ausfertigungen von Urkunden über einen Anspruch, für welchen eine Hypothek besteht (Art. 176 Abs. 2), von 50 Pfg. auf 1 Mk. erhöht, so kann die Sondervorschrift, welche der Art. 303 für vollstreckbare Ausfertigungen von Hypothekenurkunden bei den zur Zeit der Grundbuchanlegung schon eingetragenen Hypotheken vorsieht, nicht unverändert gelassen werden. Nach Art. 303 bleiben in Ansehung der Hypotheken, die zur Zeit der Grundbuchanlegung schon bestehen, und der Hypothekenurkunden, die in der Zeit vor der Grundbuchanlegung errichtet werden, die bisherigen Vorschriften über die Gebühren für Erteilung einer neuen Vollstreckungsklausel und für vollstreckbare Ausfertigungen in Kraft. Damit sind die Vorschriften des Art. 29 und des Art. 132 Abs. 2 GebG. in der Fassung vom Jahre 1892 aufrecht erhalten worden (§ 1 Ziff. 3 der Vollzugsinstruktion vom 25. Dezember 1899).

Nach diesen Vorschriften wird eine Gebühr von 50 Pfg. für die Entscheidung des Hypothekenamts (Grundbuchamts) über den Antrag auf Erteilung einer neuen Vollstreckungsklausel (Art. 132 Abs. 3 AG. zur ZPO. mit Art. 166 Ziff. XVI Abs. 3 AG. zum BGB.) und für die notarielle vollstreckbare Ausfertigung erhoben. Der Entwurf (Art. I Ziff. LXV[1]) erhöht die Gebühr auf 1 Mk.

3. Die Vorschriften in den Art. 145 ff. über die Besteuerung von Verträgen, Inventaren u. dergl. beziehen sich nur auf solche Akte, die notariell beurkundet sind.

Für Verträge oder Inventare, die lediglich privatschriftlich errichtet sind, können daher Gebühren nicht erhoben werden. Zur Ersparung der Gebühren werden infolgedessen zahlreiche Verträge, zu deren Rechtswirksamkeit nach den Vorschriften des bürgerlichen Rechtes notarielle Beurkundung nicht erforderlich ist, sowie Inventare privatschriftlich errichtet und einem Notar lediglich zur Beglaubigung der Unterschriften vorgelegt. Die notarielle Beglaubigung des privatschriftlich errichteten Vertrags leistet dabei den Beteiligten meist ganz die gleichen Dienste wie die Vertragsbeurkundung durch den Notar. Der Entwurf sieht zwar davon ab allgemein zu bestimmen, daß für die notarielle Beglaubigung privatschriftlich errichteter Rechtsgeschäfte die gleiche Gebühr zu entrichten ist wie für die Errichtung einer Notariatsurkunde. Dagegen will er durch den Abs. 1 Satz 3 des Art. 176a die Erhebung der Staatsgebühren wenigstens für solche Fälle sicherstellen, in denen der Notar die Urkunde über das Rechtsgeschäft selbst entworfen oder bei deren Entwerfung mitgewirkt hat und in denen die Parteien alsdann, anstatt eine notarielle Urkunde zu errichten, sich lediglich mit der notariellen Beglaubigung der Unterschriften begnügten. Daß der Staat in solchen Fällen die Staatsgebühr erhält, entspricht der Billigkeit. Übrigens hat auch der Notar hier für die Beglaubigung die gleiche Gebühr zu beanspruchen wie für die Errichtung einer Notariatsurkunde (Art. 72 NotGebO. vom 28. Dezember 1899).

4. Formell trennt der Entwurf die bisher im Art. 176 vereinigten Vorschriften, indem er die Gebühren für Ausfertigungen im Art. 176 und die für Beglaubigungen im Art. 176a vorsieht. Der Abs. 2 des Art. 176a wiederholt die Vorschrift des bisherigen Art. 176 Abs. 4.

---

1) Jetzt: Ziffer LXXIX.

XXXVI. Der Art. 179 erhält folgende Fassung:

Art. 179.

„Für die Gebührenpflicht ist die Hinzufügung von Bedingungen, die unterbliebene Ausführung oder die Wiederaufhebung des Rechtsgeschäfts ohne Bedeutung.

Das Staatsministerium der Finanzen bestimmt, ob und inwieweit die Gebühr auf Antrag zu erlassen oder zu erstatten ist.

Wird die Wirksamkeit des Vertrags ausdrücklich von der Zustimmung einer bestimmten dritten Person abhängig gemacht und innerhalb drei Monaten der Nachweis erbracht, daß die Zustimmung versagt wurde, so wird nur eine Gebühr von 1 Mk. geschuldet und der hiernach zu viel erhobene Betrag zurückerstattet“.[1])

Begründung:

Der vorgeschlagene Art. 179 Abs. 1 entspricht dem bisherigen Art. 179 Abs. 1, dehnt aber die Vorschrift, wie der § 79 Abs. 1 RStempelG. vom 15. Juli 1909, auch auf die unterbliebene Ausführung und die Wiederaufhebung des Geschäfts aus. Unter der Wiederaufhebung ist die Rückgängigmachung infolge einer Wandlung (§§ 467, 634 BGB.) oder der Ausübung eines Rücktrittsrechts (z. B. §§ 327, 346 BGB.) mitzuverstehen. Um unbillige Härten zu vermeiden, die sich aus der Gebührenerhebung in solchen Fällen ergeben können, sieht der Entwurf in dem vorgeschlagenen Art. 179 Abs. 2 die Möglichkeit einer Erstattung aus Billigkeitsrücksichten vor. Die gleiche Ermächtigung enthält der § 79 Abs. 2 RStempelG. hinsichtlich des Reichsstempels für den Bundesrat.

XXXVII. Der Art. 180 erhält folgende Fassung:

Art. 180.

„Hängt die Wirksamkeit eines Vertrags von der Genehmigung einer Behörde oder der Vertreter von

---

1) Die jetzige Fassung beruht auf Beschluß der Kammer der Abgeordneten (Verh. d. K. d. Abg. Bd. IX S. 808).

Nach dem Entwurf sollte der jetzige Abs. 3 — bisher Abs. 2 — gestrichen werden; die Streichung aber wurde abgelehnt (a. a. O.).

Körperschaften, Stiftungen oder Anstalten des öffentlichen Rechts ab, so wird, wenn die Genehmigung versagt wird, die Gebühr bis auf den Betrag von 1 Mark auf Antrag zurückerstattet; ist die Wirksamkeit des Vertrags ausdrücklich von der Genehmigung einer Behörde oder der Vertreter von Körperschaften, Stiftungen oder Anstalten des öffentlichen Rechtes abhängig gemacht, so wird die Urkunde erst bewertet, nachdem der Beschluß erfolgt ist, und, wenn die Genehmigung versagt wird, nur eine Gebühr von 1 Mark erhoben."[1])

XXXVIII. Im Art. 182 wird

1. der Abs. 1 gestrichen;
2. im Abs. 2 werden die Worte „binnen einer Woche" ersetzt durch die Worte „binnen 6 Monaten".[2])

Begründung:

Mit Rücksicht auf den neu vorgeschlagenen Art. 146a ist der Art. 182 Abs. 1 zu streichen.

XXXIX. Im Art. 183 Abs. 1 wird anstatt „innerhalb eines Monats" gesetzt:

„innerhalb einer Frist von drei Monaten".

Begründung:

Die bisherige Frist im Art. 183 Abs. 1 war eng bemessen; eine weitere Ausdehnung dieser Frist entspricht dem praktischen Bedürfnisse.

---

1) Die neue Fassung beruht auf Beschluß der Kammer der Reichsräte und entspricht einem Antrag des Referenten Reichsrats von Thelemann.

Zweck der neuen Vorschrift ist, die Wohltat des Art. 180 auch in jenen Fällen eintreten zu lassen, in denen zwar die Wirksamkeit eines Vertrags nicht ausdrücklich in der Urkunde von der Genehmigung einer Behörde usw. abhängig gemacht ist, in denen die Abhängigkeit aber schon in gesetzlichen Bestimmungen, wie z. B. bei Verträgen, die der Vormund für seinen Mündel schließt, gegeben ist (Verh. d. K. d. RR. Bd. II S. 181.)

2) Die Ziff. 2 beruht auf Beschluß der Kammer der Abgeordneten (Verh. d. K. d. Abg. Bd. IX S. 810), die bisherige Frist wurde für viel zu kurz erachtet.

XL. Der Art. 184 erhält folgende Fassung:

Art. 184.

„Ist ein Rechtsgeschäft nichtig oder infolge einer Anfechtung als von Anfang an nichtig anzusehen, so ist das Staatsministerium der Finanzen ermächtigt, die Gebühr ganz oder teilweise zu erlassen oder zu erstatten."

Begründung:

Nach dem bisherigen Rechte war der Umstand, daß ein Rechtsgeschäft nichtig oder infolge einer Anfechtung für von Anfang an nichtig anzusehen war, auf die Gebührenpflicht ohne Einfluß. Dies erwies sich jedoch in vielen Fällen als eine Unbilligkeit. Der Entwurf folgt daher dem für den Reichsstempel geltenden § 127m der Ausführungsvorschriften des Bundesrats zum Reichsstempelgesetze vom 26. Juli 1909 (ZBl. für das Deutsche Reich S. 559, Ges.- u. V.-Bl. S. 591) und sieht die Möglichkeit einer Erstattung aus Billigkeitsrücksichten vor. Hierbei geht er von der Annahme aus, daß die Erstattung stets nur unter Vorbehalt der Gebührenerhebung von demjenigen erfolgen soll, der bei der Beurkundung des Geschäfts von den die Nichtigkeit oder Anfechtbarkeit bedingenden Umständen Kenntnis gehabt hat oder sonst die Nichtigkeit oder Ungültigkeit verschuldet hat.

XLI. Der Art. 188 erhält folgende Fassung:

Art. 188.

„Für einen Vertrag, durch welchen sich der eine Teil verpflichtet, das Eigentum an einem Grundstück oder ein den Grundstücken gleichstehendes Recht und andere Gegenstände zu übertragen, ist die Gebühr des Art. 146 aus dem Gesamtwerte sämtlicher Vertragsgegenstände zu entrichten, sofern nicht der Wert der Grundstücke oder diesen gleichstehenden Rechte entweder in der Urkunde oder binnen 14 Tagen nach der Errichtung der Urkunde besonders ausgewiesen wird."[1])

---

1) Die neue Fassung des Art. 188 beruht entsprechend einer Anregung des Referenten Landtagsabgeordneten Dr. Goldschmit auf Beschluß der Kammer der Abgeordneten; sie findet auch Anwendung auf das Versteigerungsprotokoll (Verh. d. K. d. Abg. Bd. IX S. 811). Durch die jetzige Fassung des Art. 188 ist die für Art. 10 GebG. in Aussicht genommene Ergänzung überflüssig geworden (siehe oben bei Ziff. II).

XLII. Der Art. 202 erhält folgende Fassung:

Art. 202.

„Bei den Distriktsverwaltungsbehörden und den ihnen nach Art. 204 gleichzuachtenden Behörden kommen, soweit in den folgenden Artikeln nicht ein anderes bestimmt ist, zur Erhebung:

1. für Protokolle 1 Mk. für jede angefangene Stunde der Geschäftsdauer,
2. für Zeugnisse (Atteste, Bescheinigungen) 2 bis 20 Mk.,
3. für Beschlüsse, Bescheide und Verfügungen 2 bis 200 Mk.,
4. für die Beglaubigung einer Privatabschrift oder der Unterschrift in einer öffentlichen oder Privaturkunde (Legalisation), dann für die Beglaubigung von Ausfertigungen, Abschriften oder Auszügen, die nicht von Amts wegen zu erteilen sind, 1 Mk.

Wird ein Antrag oder ein Rechtsmittel zurückgenommen, nachdem die Behörde in die Sachbehandlung eingetreten ist, so wird die Gebühr, welche für die beantragte Amtshandlung zu erheben gewesen wäre, bis zur Hälfte erhoben. Die Gebührenerhebung kann unterbleiben, wenn die Stellung des Antrags oder die Einlegung des Rechtsmittels auf nicht anzurechnender Unkenntnis der Verhältnisse oder auf Unwissenheit beruht.“ [1])

Begründung:

Die vom Entwurfe vorgeschlagene neue Fassung des Art. 202 sieht eine Erhöhung der Gebühren für Protokolle sowie der Gebühren für Beschlüsse, Bescheide und Verfügungen vor.

Die Protokollgebühren (Art. 202 Ziff. 1), welche für die von den Behörden aufgenommenen Protokolle, nach

---

1) Die zu Ziff. 1 festgesetzte Gebühr von 1 Mk. und die Ziff. 2 und 3 beruhen auf Beschluß der Kammer der Abgeordneten (Verh. d. K. d. Abg. Bd. IX S. 820); im Entwurf waren vorgesehen: für Protokolle 1 Mk. 50 Pfg. für jede angefangene Stunde der Geschäftsdauer; für Zeugnisse (Atteste, Bescheinigungen) 2 bis 20 Mk.; für Beschlüsse, Bescheide und Verfügungen 3 bis 50 Mk.; für Beschlüsse in Verwaltungsstreitsachen 6 bis 100 Mk.

Art. 206 aber auch bei allen sonstigen Verhandlungen anzusetzen sind, für die keine besondere Gebühr bestimmt ist, haben bisher 1 Mk. für jede angefangene Stunde der Geschäftsdauer betragen. Der Entwurf will 1 Mk. 50 Pfg. für jede angefangene Stunde erheben lassen.

Die Gebühren für Beschlüsse, Bescheide und Verfügungen betragen nach den geltenden Vorschriften 2 bis 50 Mk. (Art. 202 Ziff. 2); innerhalb dieses Spielraums hat die mit der Sache befaßte Verwaltungsbehörde die Gebühr unter Berücksichtigung des Umfanges und der Schwierigkeit der Sache sowie der Bedeutung derselben für das bürgerliche Leben und die Leistungsfähigkeit des Pflichtigen festzusetzen (Art. 284). Der Höchstsatz des vom Gesetz aufgestellten Rahmens hat sich, abgesehen von den Verwaltungsstreitsachen, die den Behörden bisweilen große Arbeit, insbesondere umfangreiches Aktenstudium und viele Erhebungen verursachen, als ausreichend erwiesen. Der Höchstsatz soll daher nur für die Verwaltungsstreitsachen erhöht werden und bei diesen statt bisher 50 Mk. künftig 100 Mk. betragen. Dagegen ist eine Erhöhung des vom Gesetz aufgestellten Mindestbetrags der Gebühr für alle Bescheide, Beschlüsse und Verfügungen dringend wünschenswert. Die Praxis hat ergeben, daß insbesondere von den unteren Behörden für die von ihnen zu erlassenden Beschlüsse, Bescheide und Verfügungen, abgesehen von ganz wenigen Ausnahmen, fast nur der Mindestbetrag der Gebühr mit 2 Mk. zum Ansatze gelangt. Eine Gebühr von 2 Mk. aber ist in den weitaus meisten Fällen keine genügende Entlohnung für die Tätigkeit der Behörde, zumal die Gebühr das gesamte Verfahren einschließlich aller sachleitenden Verfügungen umfaßt und neben ihr insbesondere auch eine besondere Vergütung für das Schreibwerk (Schreibgebühren für die von Amts wegen zu erteilenden Ausfertigungen der Beschlüsse und Verfügungen) nicht erhoben wird. Der Entwurf sieht daher vor, daß der Mindestbetrag der Beschlußgebühr in den Verwaltungssachen 3 Mk. und in den Verwaltungsstreitsachen 6 Mk. betragen soll.

Um jedoch Unbilligkeiten und Härten zu vermeiden, sollen die Distriktsverwaltungsbehörden und die ihnen gleichzuachtenden Behörden ermächtigt werden, in besonderen Ausnahmefällen, in denen die Verhältnisse des Schuldners oder die Geringfügigkeit des Gegenstandes eine Ausnahme begründen, die Gebühr in Verwaltungssachen bis auf 2 Mk.

und in Verwaltungsstreitsachen bis auf 3 Mk. zu ermäßigen (Art. I Ziff. XLIX[1]).

Unter Verwaltungsstreitsachen im Sinne des Art. 202 Ziff. 4 versteht der Entwurf die in den Art. 8 bis 10 des Ges. vom 8. August 1878, betreffend die Errichtung eines Verwaltungsgerichtshofs und das Verfahren in Verwaltungsrechtssachen, bezeichneten Angelegenheiten sowie jene Angelegenheiten, welche in anderen Gesetzen diesen Angelegenheiten gleichgestellt sind.

Hinsichtlich der Zeugnisse (Atteste, Bescheinigungen) will es der Entwurf bei der bisherigen Gebühr (Art. 202 Ziff. 2), jedoch unter Herabsetzung des Höchstsatzes von 50 Mk. auf 20 Mk. belassen.

Das Verehelichungszeugnis ist seiner inneren Natur nach nicht als Zeugnis, sondern als ein nach durchgeführter Sachinstruktion ergehender Bescheid anzusehen. Es ist daher bei der Ausstellung dieses Zeugnisses nicht die Gebühr des Art. 202 Ziff. 2, sondern jene des Art. 202 Ziff. 3 zu erheben.

Die Bestimmung im Art. 202 Ziff. 5, daß für die Beglaubigung von Ausfertigungen, Abschriften oder Auszügen, die nicht von Amts wegen zu erteilen sind, eine Gebühr von 1 Mk. zu erheben ist, entspricht dem bisherigen Rechte (Art. 225 Abs. 2).

Der dem Art. 202 neu angefügte Abs. 2 sieht die Erhebung einer Gebühr in solchen Fällen vor, in denen ein Antrag oder ein Rechtstitel zurückgenommen wird, nachdem die Behörde bereits in die Sachbehandlung eingetreten ist. Die Bestimmung ist insbesondere für die Verwaltungsstreitsachen sowie für die Rechtsmittelinstanzen von Bedeutung. Es kommt vor, daß Anträge oder Rechtsmittel erst zurückgenommen werden, nachdem die Behörde in der Sache bereits eine erhebliche Tätigkeit entwickelt und namhafte Zeit für das Aktenstudium aufgewendet hat. Der Mindestbetrag der Gebühr, welche für die Zurücknahme eines Antrags oder eines Rechtsmittels soll angesetzt werden können, ist 20 Pfg. (Art. 2 Abs. 1); der Höchstbetrag ist gleich der Hälfte jener Gebühr, die für die beantragte Amtshandlung zu entrichten gewesen wäre. Die Bemessung der Gebühr innerhalb dieses Spielraums wird hauptsächlich nach dem Umfange der von der Behörde bereits entfalteten Tätigkeit zu erfolgen haben. Wenn die Stellung des Antrags oder die Einlegung des Rechtsmittels auf nicht anzurechnender Unkenntnis der Verhältnisse oder auf Unwissenheit beruht, soll die Gebührenerhebung unterbleiben können.

1) Jetzt: Ziffer LIX.

XLIII. Dem Art. 206 wird nachstehende Vorschrift als Satz 2 beigefügt:[1])

„Dies gilt auch für die von Beamten oder amtlichen Organen einer Behörde errichteten Aufzeichnungen über Untersuchungen oder Besichtigungen".

Begründung:

Auf Grund des Art. 206 unterliegen der Gebührenpflicht die von den Behörden aufgenommenen Aufzeichnungen über Besichtigungen, Untersuchungen u. dergl. Der vom Entwurfe vorgesehene neue Satz 2 will außer Zweifel stellen, daß es keinen Unterschied begründet, ob die Aufzeichnung bei der Behörde selbst oder in deren Auftrag von einem abgeordneten Beamten oder einem Organe der Behörde (zum Beispiel von dem Distriktstechniker, dem Bezirksarzt) errichtet ist.

XLIV. Im Art. 209 wird
1. die Ziffer 1 gestrichen;[2])
2. die Ziffer 4 erhält folgende Fassung:

„Für Jagdkarten-, Fischerkarten- und Radfahrkartenduplikate"[3])[4])[5]).

Begründung:

Es erscheint angemessen, die Ausstellung von Fischerkartenduplikaten hinsichtlich der Gebühr der Ausstellung von Jagdkartenduplikaten gleichzustellen.

XLV. An die Stelle des Art. 212 treten folgende Vorschriften[6]):

---

1) Art. 206 lautete bisher: „Die Gebühren für Protokolle haben ohne Rücksicht auf die Form der Erledigung auch bei allen jenen Verhandlungen zur Anwendung zu kommen, für welche keine besondere Gebühr bestimmt ist".

2) Die Streichung der Ziff. 1 des Art. 209 beruht auf Beschluß der Kammer der Abgeordneten; die Ziff. 1 erledigte sich durch die neue Fassung des Art. 212 (siehe folgende Ziff. XLV).

3) Ziff. 4 des Art. 209 lautete bisher: „für Jagdkarten-Duplikate".

4) Die Gebühr für die Jagdkarten selbst ist in Art. 218 geregelt (siehe unten Ziff. XLIX).

5) Die geringere Gebühr auch für Radfahrkartenduplikate wurde erst durch Beschluß der Abgeordneten-Kammer eingeführt. (Verh. d. K. d. Abg. Bd. 10 S. 555.)

6) Die neue Fassung des Art. 212 beruht auf Beschluß der Abgeordneten-Kammer und die Zweiteilung auf Beschluß der Reichsratskammer (Verh. d. K. d. Abg. Bd. 9 S. 823; Verh. d. K. d. RR. Bd. 2 S. 181.) Die Trennung erfolgte, weil der bisherige Art. 212 zwei vollständig außer Zusammenhang stehende Materien zusammen behandelte (a. a. O.).

Art. 212.

„Für die das Heimatrecht verleihenden Urkunden (Art. 13 des Gesetzes vom 16. April 1868 über Heimat, Verehelichung und Aufenthalt in der Fassung der Bekanntmachung vom 30. Juli 1899) wird eine Gebühr von 2 Mk. erhoben.

Art. 212 a.

„Für die Ausdehnung der Gültigkeit von Legitimationsscheinen zum Gewerbebetrieb im Umherziehen auf einen anderen Bezirk durch die zuständige Behörde dieses Bezirkes wird eine Gebühr von 2 Mk., wenn aber ein Teil dieses Bezirkes zum Zollgrenzbezirke gehört, eine Gebühr von 4 Mk. erhoben.

Für Wandergewerbescheine wird eine Gebühr von 5 Mk., für sonstige Gewerbelegitimationsscheine jeder Art sowie für Gewerbelegitimationskarten der Handelsreisenden wird eine Gebühr von 2 Mk. erhoben.

Die für den gewerblichen Unterricht bestimmten besonderen Abgaben werden hierdurch nicht berührt; sie dürfen bis zum Betrag von 100 Mk. erhoben werden[1]).

XLVI. Der Art. 213 erhält folgende Fassung:

Art. 213.

„Die Urkunden über Entlassung aus dem Staatsverbande in anderen als den im § 15 Abs. 1 des Bundesgesetzes vom 1. Juni 1870 über die Erwerbung und den Verlust der Bundes- und Staatsangehörigkeit bezeichneten Fällen unterliegen einer Gebühr von 3 Mk.

---

1) Der neue Abs. 3 beruht auf Beschluß der Abgeordneten-Kammer, er bildet eine Änderung der zurzeit noch geltenden Bestimmungen des alten bayerischen Gewerbegesetzes vom Jahre 1869, wonach die besonderen Abgaben in maximo 36 Gulden (64 Mk.) nicht überschreiten dürfen. (Verh. d. K. d. A. Bd. X S. 554.)

Die Gebühr für Naturalisationsurkunden beträgt 20 bis 50 Mk.; sie kann im Falle der Dürftigkeit des Gesuchstellers bis auf 5 Mk. ermäßigt werden[1]).

Die Instruktionsverhandlungen sind gebührenfrei."

Begründung:

Der vorgeschlagene Art. 213 entspricht den bisherigen Art. 213, 219. Die Gebühr für Naturalisationsurkunden soll von 20 Mk. auf 50 Mk. erhöht werden.

Preußen erhebt: 150 Mk., bei nachgewiesener Dürftigkeit 5 Mk.; Baden: 25 bis 50 Mk.; Württemberg: 20 bis 50 Mk.; Hessen 40 Mk., frühere Staatsangehörige 15 Mk.; Anhalt: 50 Mk., bei Dürftigkeit 5 Mk.

XLVII. Dem Art. 215 wird folgende Vorschrift als Abs. 3 angefügt:

„Die Gemeinden können nach Maßgabe der Gemeindeordnungen höhere Sätze für die im Abs. 2 bestimmte Abgabe beschließen." [2])

Begründung:

Der vom Entwurfe vorgeschlagene Art. 215 Abs. 3 will den Gemeinden ausdrücklich vorbehalten, die im Art. 215 Abs. 2 bestimmte besondere Abgabe für ihren Bezirk zu erhöhen.

XLVIII. Im Art. 216 wird statt „5 Mark" gesetzt „10 Mark".

Begründung:

Die Gebühr für Diplome der Doktoren und Lizentiaten soll von 5 Mk. auf 10 Mk. erhöht werden.

---

1) Nach dem Entwurf sollte Abs. 2 des Art. 213 lauten:
„Die Gebühr für Naturalisationsurkunden beträgt 50 Mk.".
Die jetzige Fassung des Abs. 2 beruht auf Beschluß der Kammer der Abgeordneten (Verh. d. K. d. Abg. Bd. IX S. 826).

2) Im Entwurf lautete der neue Abs. 3:
„Die Gemeinden können auf Grund der Art. 40/31 Abs. 4 beider Gemeindeordnungen höhere Sätze für die im Abs. 2 bestimmte Abgabe beschließen".
Die jetzige Fassung beruht auf Beschluß der Kammer der Abgeordneten (Verh. d. K. d. Abg. Bd. IX S. 826).

XLIX. Der Art. 218 Abs. 1 erhält folgende Fassung:

„Die Gebühr für Jagdkarten und Jagdwaffenscheine beträgt 30 Mk.“[1])

Begründung:

Die Gebühr für Jagdkarten und Jagdwaffenscheine betrug nach dem bisherigen Art. 218 15 Mk.; hierzu wurde jedoch seit dem Jahre 1904 auf Grund der Gesetze vom 9. Juli 1904, 24. Dezember 1905 und 14. Dezember 1907 (Ges.- u. V.-Bl. 1904 S. 235, 1905 S. 699 und 1907 S. 1075) ein Zuschlag von 5 Mk. erhoben, so daß für eine Jagdkarte oder einen Jagdwaffenschein bisher im ganzen der Betrag von 20 Mk. zu entrichten war. Der Entwurf will die Gebühr einer Neuregelung unterwerfen und sie hierbei für nicht in Bayern wohnhafte Ausländer (Reichsausländer) auf 50 Mk., im übrigen auf 25 Mk. festsetzen. Auch in anderen Bundesstaaten werden ähnliche Beträge erhoben; so z. B. beträgt die Abgabe für Jagdkarten und Jagdwaffenscheine in Baden für Reichsangehörige 25 Mk., für Ausländer 50 Mk.; in Preußen werden erhoben einschließlich der Abgabe an den Kreis von Reichsangehörigen 22.50 Mk., von Ausländern 150 Mk.; in Württemberg 20 Mk.

L. An die Stelle der Art. 219 bis 222 treten nachstehende Vorschriften:

Art. 219.

„Eine Gebühr von 50 bis 500 Mk. wird erhoben:

1. für die Verleihung der Konzession zum Betrieb eines Eisenbahn-, Schiffahrts-, Straßenbahn- oder ähnlichen Verkehrsunternehmens;[2])
2. für die Beschlüsse, durch welche die Genehmigung zur Ausgabe der auf eine bestimmte Geldsumme

---

1) Nach dem Entwurf sollte die Gebühr 25 Mk. betragen, außerdem war eine Gebühr von 50 Mk. für nicht in Bayern wohnende Ausländer vorgesehen; letztere Gebühr wurde aber von der Reichsratskammer gestrichen (Verh. d. K. d. RR. Bd. 2 S. 182.)

2) Unter diesen Artikel fallen nach Erklärung des Regierungsvertreters Bahnen nur dann, wenn sie gewerbliche Betriebe sind, also nur dann, wenn Einnahmen aus dem Betriebe erzielt werden. Die Anschlußbahnen, welche der Unternehmer für seine eigenen Zwecke zum Betriebe seiner Fabrik braucht, fallen demnach nicht darunter. (Verh. d. K. d. Abg. Bd. IX S. 831).

lautenden Schuldverschreibungen auf den Inhaber erteilt wird;[1])

3. für die Genehmigung zur Errichtung von Versicherungsunternehmungen sowie zur Ausdehnung des Geschäftsbetriebs auswärtiger derartiger Unternehmungen auf das Königreich;
4. für die Erlaubnis zum Geschäftsbetrieb eines Auswanderungsagenten."

Art. 220.[2])

„Für die Erteilung einer Konzession zum Betrieb einer Vollapotheke, einer homöopathischen Apotheke oder einer Zweigapotheke, für die Erteilung der Erlaubnis zum Betriebe von Privat-Kranken-, Privat-Entbindungs- und Privat-Irrenanstalten, für die Genehmigung zur Errichtung oder Leitung von Privat-Unterrichts- oder Erziehungsanstalten, für die Genehmigung zum Betriebe des Gewerbes als Schauspielunternehmer, für die Erteilung der Konzession zum Betrieb einer Gast- oder Schankwirtschaft, für die Erteilung der Erlaubnis zum Kleinhandel mit Branntwein und Spiritus, für die Erteilung einer Erlaubnis nach § 42a oder § 67 Abs. 2 der Reichsgewerbeordnung, für die Erteilung einer Erlaubnis nach § 33a der Reichsgewerbeordnung, für die Erteilung der Erlaubnis zum Betriebe des Pfandleiher-, Pfandvermittler-, Gesindevermieter- oder Stellenvermittlergeschäftes sowie für die Verleihung eines Kaminkehrerbezirkes wird neben der Beschlußgebühr nach Art. 202, 203, 228 noch eine besondere Abgabe zur Staatskasse erhoben.[3])[4]) Eine besondere Abgabe

---

1) Ziffer 2 betrifft insbesondere die Emission von Pfandbriefen.

2) Die jetzige Fassung des Art. 220 beruht zum wesentlichen Teil auf Beschluß der Kammer der Abgeordneten.

3) Durch die besondere Abgabe wird im allgemeinen und insonderheit auch bei den Gast- und Schankwirtschaften die Fortführung des Geschäfts durch die Witwe nicht betroffen, da es sich hier um keine Konzession handelt (Verh. d. K. d. Abg. Bd. IX S. 850); ebenso wird durch die besondere Abgabe nicht betroffen: die Übertragung der Geschäftsführung an Stellvertreter im Sinne der Gewerbeordnung, z. B. Schenkkellner, Zapfler usw. (a. a. O.).

4) Bei Besitzwechsel innerhalb der Familie ist die Gebühr niedriger zu bemessen wie beim Besitzübergang an Fremde (a. a. O.).

zur Staatskasse wird auch erhoben anläßlich der Erstattung der Anzeige über den Beginn des Kleinhandels mit Bier (§ 35 Abs. 7 der Reichsgewerbeordnung).[1])

Die besondere Abgabe beträgt:

1. a) bei der Erteilung der Konzession zur Neuerrichtung einer Vollapotheke, einer homöopathischen Apotheke oder einer Zweigapotheke 20 bis 500 Mk., wozu noch die nach lit. b sich berechnende Abgabe zur Erhebung gelangt;
   b) bei der Erteilung der Konzession zum Fortbetrieb einer Vollapotheke, einer homöopathischen Apotheke, oder einer Zweigapotheke,
   wenn der Jahresreinertrag 3000 Mk. nicht übersteigt . . . . . . 20 bis 100 Mk.,
   wenn der Jahresreinertrag über 3000 Mk. beträgt, aber 7000 Mk. nicht übersteigt, 100 bis 200 Mk.,
   wenn der Jahresreinertrag über 7000 Mk. beträgt, aber 10 000 Mk. nicht übersteigt, 200 bis 300 Mk.,
   wenn der Jahresreinertrag über 10 000 Mk. beträgt . . . . 300 bis 800 Mk.;
2. bei der Erteilung der Erlaubnis zum Betrieb einer Privat-Kranken-, Privat-Entbindungs- oder Privat-Irrenanstalt sowie bei der Genehmigung zur Errichtung oder Leitung von Privatunterrichts- oder Erziehungsanstalten 10 bis 500 Mk., Anstalten, die zu vorwiegend gemeinnützigen Zwecken dienen, sind von der Abgabe befreit[2]);
3. bei der Genehmigung zum Betriebe des Gewerbes als Schauspielunternehmer 20 bis 500 Mk.;

---

1) Damit ist eine besondere Steuer auf die Einrichtung des Flaschenbierhandels gelegt.

2) Nach dem Entwurf sollten nur diejenigen Anstalten befreit sein, die ausschließlich gemeinnützigen Zwecken dienen. Die Frage der „Gemeinnützigkeit" ist von Fall zu Fall zu prüfen; hauptsächlich kommt es auf die Absicht des Gründers an; wenn das Unternehmen der Allgemeinheit dient und einen Gewinn für den Unternehmer nicht abwirft, liegt der Fall der Gebührenbefreiung vor (Verh. d. K. d. Abg. Bd. IX S. 833).

4. bei der Erteilung der Konzession zum Betrieb einer Gast- oder Schankwirtschaft, wenn der erzielbare Jahrespachtertrag[1][2])

200 Mk.	nicht übersteigt		5 Mk.
350 Mk.	„ „	5 bis	10 Mk.
500 Mk.	„ „	10 „	20 Mk.
1 000 Mk.	„ „	20 „	30 Mk.
1 500 Mk.	„ „	30 „	40 Mk.
2 000 Mk.	„ „	40 „	50 Mk.
3 000 Mk.	„ „	50 „	100 Mk.
5 000 Mk.	„ „	100 „	200 Mk.
10 000 Mk.	„ „	200 „	400 Mk.
15 000 Mk.	„ „	400 „	600 Mk.
20 000 Mk.	„ „	600 „	1000 Mk.
25 000 Mk.	„ „	1000 „	1500 Mk.

bei einem höheren Jahrespachtertrag erhöht sich die Untergrenze sowie die Obergrenze der Abgabe für je angefangene 5000 Mk. um 500 Mk., jedoch nicht über 5000 Mk.[3]).

Hat der Konzessionar innerhalb eines Jahres von der Erteilung der Konzession zurück gerechnet, schon eine besondere Abgabe nach dieser Ziffer entrichtet, so wird diese zur Hälfte angerechnet.

---

1) Auch hier ist nur der *Reinertrag* gemeint, denn nach der auch seitens der Regierung unwidersprochenen Erklärung des Abgeordneten Dr. *Einhauser* ist für die Bemessung der besonderen Abgabe in allen Fällen der Reinertrag des Geschäftes maßgebend (Verh. d. K. d. Abg. Bd. IX S. 849).

2) „Erzielbarer Pachtertrag": Darunter ist diejenige Summe zu verstehen, die der Verpächter der Wirtschaft erzielen zu können in der Lage ist. *Gewöhnlich* kommt diejenige Summe in Betracht, die als Pachtzins *vereinbart* ist, und zwar, nur in dem Betrag, der auf den eigentlichen Wirtschaftsbetrieb trifft; die Gegenleistung für *Nebenbetriebe* (z. B. Wohnung, Metzgerei usw.) spielt nicht mit herein (Äußerung des Regierungs-Vertreters in der Reichsratskammer).

Betreibt der Eigentümer selbst die Wirtschaft, so ist der Ertrag durch Angleichung an andere Lokale festzustellen (a. a. O.).

3) Der letzte Satz der Ziffer 4 beruht auf Beschluß der Kammer der Abgeordneten; es soll damit auch für die höheren und höchsten Jahrespachtverträge die Rahmengebühr vollständig durchgeführt und für den einzelnen Fall ein weiterer Rahmen eröffnet werden, als er zunächst von der Abgeordneten-Kammer vorgesehen war (Verh. d. K. d. Abg. Bd. X S. 556).

Im Falle der Neuerrichtung einer Gast- oder Schankwirtschaft beträgt die besondere Abgabe, wenn der erzielbare Jahrespachtertrag

1 000 Mk.	nicht	übersteigt			150 Mk.
1 500 Mk.	„	„	150	bis	225 Mk.
2 000 Mk.	„	„	225	„	300 Mk.
3 000 Mk.	„	„	300	„	450 Mk.
5 000 Mk.	„	„	450	„	750 Mk.
10 000 Mk.	„	„	750	„	1500 Mk.
20 000 Mk.	„	„	1500	„	3000 Mk.
25 000 Mk.	„	„	3000	„	3750 Mk.

bei einem höheren Jahrespachtertrage erhöht sich die Untergrenze sowie die Obergrenze der Abgabe für je angefangene 5000 Mk. um 750 Mk., jedoch nicht über 10 000 Mk.[1]) Die gleichen Sätze kommen zur Anwendung bei der Ausdehnung eines bestehenden Betriebs[2]); in diesem Falle wird jedoch die besondere Abgabe nur abzüglich des auf die frühere Erlaubnis treffenden Betrags erhoben.

Wird die Konzession nur zu vorübergehenden Gelegenheiten oder auf nicht länger als zwei Jahre erteilt, so beträgt die besondere Abgabe 5 bis 300 Mk.; erfolgt der Ausschank von Kaffee, Mineralwassern oder sonstigen nicht geistigen Getränken nur in besonders geringem Umfange, so kann die besondere Abgabe bis auf 5 Mk. ermäßigt werden;

5. bei der Erstattung der Anzeige über den Beginn des Kleinhandels mit Bier (§ 35 Abs. 7 der Reichsgewerbeordnung) 20 bis 200 Mk.[3]);

1) Die letzte Steigerung beruht ebenfalls auf Beschluß der Abgeordneten-Kammer; siehe vorige Anm.

2) Unter „Ausdehnung eines bestehenden Betriebs" ist nur eine solche zu verstehen, die eine Konzession erforderlich macht (a. a. O.).

3) Die Abgabe von Bier in Flaschen seitens des Wirtes fällt nicht unter Ziffer 4a, sondern ist durch die Abgabe nach Ziffer 4 gedeckt (a. a. O.).

6. bei der Erteilung der Erlaubnis zum Kleinhandel mit Branntwein und Spiritus 40 bis 100 Mk.
   Wird die Erlaubnis nur zu vorübergehenden Gelegenheiten oder auf nicht mehr als zwei Jahre erteilt 10 bis 50 Mk.;
7. wird das Feilbieten geistiger Getränke von der Ortspolizeibehörde auf Grund des § 42a, § 67 Abs. 2 der Reichsgewerbeordnung gestattet, so beträgt die besondere Abgabe 2 bis 300 Mk.;
8. bei der Erteilung einer Erlaubnis nach § 33a der Reichsgewerbeordnung 10 bis 1000 Mk.;
9. bei der Erteilung der Erlaubnis zum Betriebe des Pfandleiher-, Pfandvermittler-, Gesindevermieter- oder Stellenvermittlergeschäfts[1]) 20 bis 500 Mk.
   Bei Erteilung der Erlaubnis zum Betriebe des Gesindevermietergeschäfts kann im Falle besonders geringen Geschäftsumfanges die besondere Abgabe bis auf 2 Mk. ermäßigt werden;
10. bei der Verleihung eines Kaminkehrbezirkes 20 bis 200 Mk."[2]).

Art. 221.

„Das Staatsministerium der Finanzen ist ermächtigt, die nach dem Art. 220 geschuldeten besonderen

---

1) Stellenvermittlungen, welche von Gemeinden, Innungen und anderen ähnlichen Körperschaften, Verbänden, Handelskammern, Landwirtschaftskammern, Handwerks- und Gewerbekammern, Berufsvereinen, Gewerbevereinen usw. betrieben werden, fallen nicht unter diese Ziffer, weil sie keine Gewerbebetriebe im Sinne der Gewerbeordnung mangels Vorhandenseins einer Erwerbsabsicht sind (Verh. d. K. d. Abg. Bd. IX S. 835).

2) Die Kammer der Reichsräte wollte dem Art. 220 noch als Abs. 3 die Bestimmung beifügen:

„Bei Realgewerbeberechtigungen werden die in Abs. 2 bestimmten besonderen Abgaben nur zur Hälfte erhoben. Bei Wirtschaften gilt dies jedoch nur in Gemeinden, in welchen die Bedürfnisfrage zu prüfen ist."

Der Zusatz wurde aber von der Abgeordneten-Kammer abgelehnt (Verh. d. K. d. Abg. Bd. X S. 555.)

Es wird also den Inhabern von Realgewerbeberechtigungen im Wirtschaftsgewerbe, im Apothekergewerbe und im Kaminkehrergewerbe eine Vorzugsstellung vor den Inhabern solcher Gewerbe, die nur mit persönlicher Konzession zu rechnen haben, nicht eingeräumt (Korreferent Landtagsabgeordneter Dr. Einhauser in der Abgeordneten-Kammer Verh. d. K. d. Abg. a. a. O.).

Abgaben ganz oder teilweise zu erlassen, sofern die Ausführung unterblieben ist und das Gesuch um Erlaß innerhalb zweier Jahre nach der Fälligkeit der Abgabe gestellt worden ist."

Begründung:

1. Der Art. 219 in der vom Entwurfe vorgeschlagenen Fassung regelt die Gebühr für die in den bisherigen Art. 220, 222 bezeichneten Akte. Die Gebühr, welche bisher für die Erlaubnis zum Geschäftsbetrieb eines Auswanderungsagenten 50 Mk. und für die übrigen in Frage stehenden Akte 50 bis 200 Mk. betrug, soll für die Folge auf 50 bis 500 Mk. festgesetzt werden.

Unter Art. 219 Ziff. 1 fällt nur die Konzession zum Betrieb eines dem öffentlichen Verkehre dienenden Eisenbahnunternehmens, nicht aber die Genehmigung von Anschlußbahnen oder sonstigen Bahnen zu Privatzwecken.

Als Schiffahrtsunternehmungen im Sinne des Art. 219 Ziff. 1 gelten Dampfschiffahrts- und Motorschiffahrtsunternehmungen im Sinne von Abteilung II Abschnitt 2 des Wassergesetzes, nicht aber auch nach Maßgabe des Art. 78 des Wassergesetzes genehmigungspflichtige Überfahrtsanstalten.

2. Die Beschlußgebühren des Gebührengesetzes sind für Beschlüsse und Bescheide jeglicher Art zu erheben und zwar sowohl für Beschlüsse und Bescheide, durch welche den von den Parteien gestellten Anträgen entsprochen wird, als auch für solche, durch welche die Abweisung der von den Parteien gestellten Anträge erfolgt. Auf dem Gebiete der Verwaltung ergehen jedoch zahlreiche Beschlüsse über die Erteilung von Genehmigungen, die für die Empfänger der Genehmigung von solcher Bedeutung sind, daß es nicht angemessen sein würde, hierfür die gleichen Gebührenvorschriften als maßgebend zu erklären, die im Falle der Abweisung einschlägig sind. Hierher gehört die Erteilung gewerblicher Konzessionen oder Erlaubnisse, die Genehmigung zur Errichtung oder Leitung von Privatunterrichts- oder Erziehungsanstalten, die Genehmigung von Anschluß- oder sonstigen Bahnen zu Privatzwecken sowie die Erteilung von Baudispensen. Derartige Genehmigungen haben für den Empfänger regelmäßig Vermögenswert und verschaffen ihm oft beträchtliche und dauernde Vermögensvorteile. In den meisten anderen Bundesstaaten sind daher für den Fall der

Erteilung solcher Genehmigungen sehr erhebliche Stempelabgaben vorgesehen, die zumeist weit über den Rahmen der in Bayern bestimmten Beschlußgebühr hinausgehen. Der Entwurf will derartige Genehmigungen auch in Bayern zu einer erhöhten Abgabenentrichtung heranziehen, zugleich aber mit Rücksicht auf die lokale Bedeutung der in Betracht kommenden Konzessionen und Genehmigungen an dem Mehraufkommen auch die Gemeinden in angemessener Weise beteiligen. Er schlägt daher vor, daß die Bescheide und Beschlüsse der Verwaltungsbehörden, welche auf Gesuche um Erteilung solcher Konzessionen und Genehmigungen ergehen, der Beschlußgebühr unterliegen sollen, daß aber im Falle der Erteilung der Konzession oder Genehmigung neben der Beschlußgebühr noch eine besondere Abgabe zum Ansatze kommen soll, welche als Entgelt für die dem Gesuchsteller durch die Erteilung der Konzession oder Genehmigung zugehenden Vorteile anzusehen ist. Die Beschlußgebühr hätte, wie schon seither, soweit der Bescheid von einer staatlichen Behörde ausgeht, in die Staatskasse, soweit er von einer Gemeindebehörde ausgeht, in die Gemeindekasse zu fließen (Art. 229). Die besondere Abgabe aber soll in allen Fällen, gleichviel ob die Genehmigung von einer staatlichen oder von einer Gemeindebehörde erteilt wird, zur Hälfte in die Staatskasse und zur anderen Hälfte in die Kasse der Gemeinde fließen, in deren Bezirk die den Gegenstand der Konzession, Erlaubnis oder Genehmigung bildende Tätigkeit ausgeübt wird. Sollten ausnahmsweise mehrere Gemeinden in Betracht kommen, wie etwa z. B. bei der Genehmigung einer Anschluß- oder sonstigen Bahn zu Privatzwecken, so würde die Abgabe auf diese Gemeinden verhältnismäßig zu verteilen sein. Bei ausmärkischen Bezirken hätte an Stelle der Gemeinde die Distriktsgemeinde zu treten[1]).

Die besondere Abgabe soll nach dem Entwurf erhoben werden:

a) Für die Erteilung der Konzession zum Betriebe einer Vollapotheke, einer homöopathischen Apotheke oder einer Zweigapotheke. Auf Handapotheken der Ärzte soll sich die Abgabe nach der Absicht des Entwurfs nicht erstrecken. Die Abgabe soll, wenn der Jahresreinertrag 3000 Mk. nicht übersteigt, 50 bis 100 Mk., wenn er höher ist, 100 bis 2000 Mk. betragen. Andere Staaten erheben als Stempelabgabe

1) Die Abführung der besonderen Abgabe in die Gemeindekasse ist aber in der Abgeordneten-Kammer wieder gestrichen worden (Verh. d. K. d. Abg. a. a. O.).

Preußen: bei Vollapotheken, wenn die Konzession vererblich oder veräußerlich ist, ½ vom Hundert des Wertes der Konzession, mindestens 150 Mk., sonst 150 Mk.,
bei Errichtung einer Zweigapotheke 10 Mk.;

Sachsen: Errichtung von Apotheken 50 bis 400 Mk.;

Württemberg: für die persönliche Konzession zur Errichtung einer Vollapotheke 100 bis 1500 Mk.;
für die Errichtung einer Filialapotheke 10 bis 50 Mk.,
für die Erlaubnis zur Übertragung eines dinglichen Apothekenrechts 50 bis 1000 Mk.;

Baden: Personalapotheke 300 bis 1000 Mk.,
Filialapotheken 100 bis 200 Mk.;

Elsaß-Lothringen: Errichtung einer Apotheke 1000 Mk.;

Hessen: Konzession zu einer Apotheke 300 bis 2000 Mk.,
zu einer Filialapotheke 100 bis 300 Mk.;

Anhalt: bei Vollapotheken 50 bis 3000 Mk.,
bei Zweigapotheken 50 bis 1000 Mk.

Der Wert der Apothekenkonzessionen ist sehr verschieden; es gibt Apotheken mit recht geringem Werte und Erträgnisse. Anderseits kommen aber auch sehr wertvolle solche Konzessionen vor. Bei der Neuerrichtung von Apotheken in großen Städten bedeutet die Verleihung der Konzession für den Empfänger bisweilen ein Geschenk von einem ganz erheblichen Kapitalsbetrage.

b) Bei der Erteilung der Erlaubnis zum Betriebe einer Privat-Kranken-, Privat-Entbindungs- oder Privat-Irrenanstalt (§ 30 RGewO.) sowie bei der Genehmigung zur Errichtung oder Leitung von Privat-Unterrichts- oder Erziehungsanstalten.

Anstalten, die zu ausschließlich gemeinnützigen Zwecken dienen, sollen von der Abgabe befreit sein.

Die Genehmigung zur Errichtung oder Leitung von Privat-Unterrichts- oder Erziehungsanstalten ist nicht gewerbepolizeilicher Art. Es wird daher in den meisten anderen Bundesstaaten ein Erlaubniserteilungsstempel nicht gefordert.

Der Entwurf will sie aber den Genehmigungen nach § 33 RGewO. gleichstellen, da solche Unternehmungen ebenso wie die in § 33 RGewO. bezeichneten oft sehr erhebliche Erträge liefern und die Genehmigung daher für den Empfänger ziemlich wertvoll ist.

Die Abgabe soll 10 bis 500 Mk. betragen.

Für die Erlaubnis zum Betriebe von Privat-Kranken-, Entbindungs- oder Irrenanstalten wird erhoben

in Preußen . . . . 5 bis 500 Mk.;
Sachsen . . . . . 10 bis 400 Mk.;
Württemberg . . 10 bis 200 Mk.;
Elsaß-Lothringen } für jedes Bett 1 Mk.,
Hessen } mindestens aber 5 Mk.

c) Bei der Genehmigung zum Betriebe des Gewerbes als Schauspielunternehmer (§ 32a RGewO.).

Die Abgabe soll betragen 20 bis 500 Mk.; in anderen Staaten wird erhoben:

In Preußen 5 bis 500 Mk., Sachsen 15 bis 300 Mk., Württemberg 25 bis 100 Mk., Baden 10 bis 100 Mk., Hessen 10 bis 100 Mk., Anhalt 1.50 bis 300 Mk.

d) Bei der Erteilung einer Konzession zum Betriebe einer Gast- oder Schankwirtschaft (§ 33 RGewO.).

Die Abgabe soll nach dem erzielbaren Jahrespachtertrage verschieden abgestuft werden, mindestens aber 50 Mk. betragen.

Sie würde nach dem Entwurfe bis auf 2000 Mk. bei einem Jahrespachtertrage von 25 000 Mk. steigen; im Falle eines höheren Jahrespachtertrages würden für je 1000 Mk. mehr 100 Mk. zu erheben sein. Der Höchstbetrag der Abgabe soll 5000 Mk. betragen.

Für die weitaus überwiegende Mehrzahl der Gastwirtschaften oder Schankwirtschaften werden lediglich die beiden untersten Stufen der Abgabenskala in Betracht kommen. Die Abgabe würde demnach für sie 50 Mk. oder höchstens 100 Mk. betragen. Diese Abgabensätze erscheinen gegenüber den auch in anderen Bundesstaaten zur Erhebung gelangenden Stempeln nicht zu hoch. Gast- und Schankwirtschaften mit höheren Jahrespachterträgen liefern zumeist schon erheblichere Erträgnisse für den Konzessionsempfänger, so daß die Konzession in solchen Fällen regelmäßig ziemlich wertvoll ist. Ganz besonders angezeigt erscheint es, die Konzessionserteilung für Gast- und Schankwirtschaften mit hohen Jahrespachterträgen, insbesondree in den großen Städten, mit einer kräftigen Abgabe zu belegen, da bei diesen erfahrungsgemäß oft in kurzer Zeit beträchtliche Vermögen erworben werden.

Die Konzession zum Betriebe einer Gastwirtschaft oder einer Schankwirtschaft umfaßt die Befugnis zum Ausschanke von Getränken aller Art. Anderseits gilt aber der Ausschank von Branntwein, der Ausschank von Kaffee, der Ausschank von Mineralwassern oder sonstigen nichtgeistigen Getränken für sich allein gleichfalls als konzessionspflichtiger Ausschank. Wird der Ausschank von Kaffee, Mineralwassern oder sonstigen nichtgeistigen Getränken nur in geringfügigem Umfange betrieben, wie z. B. in kleinen Kaffeeschenken oder im Nebenbetrieb zu anderen Gewerben u. dergl., so läßt der Entwurf die Ermäßigung der Abgabe bis auf 5 Mk. zu. Außerdem soll, wenn eine Konzession erweitert wird, wenn also z. B. für eine bereits konzessionierte Kaffeeschenke auch noch die Befugnis zum Bierausschank erwirkt wird oder wenn eine Bierwirtschaft in eine Gastwirtschaft umgewandelt wird, die bereits früher gezahlte Abgabe angerechnet werden. Das gleiche hätte nach der Absicht des Entwurfes für sonstige Umwandlungen von Konzessionen zu gelten. Sofern eine Konzession auf nicht mehr als zwei Jahre oder nur für vorübergehende Gelegenheiten (z. B. für die Dauer der Erbauung einer Fabrik, Eisenbahn usw.) erteilt wird, soll die Abgabe nur 25 Mk. bis 500 Mk. betragen.

In anderen Bundesstaaten wird erhoben:

Preußen: Die Stempelsteuer nach dem Stempelsteuergesetze vom 30. Juni 1909 beträgt für Gast- und Schankwirtschaften je nach der Gewerbsteuer 5 bis 500 Mk. Neben dieser Staatsstempelsteuer können jedoch die Kreise sowie die kreisangehörigen Gemeinden Schankkonzessionssteuern zur Einführung bringen. Die oberste Grenze der Gesamtbelastung durch Kreis und Gemeinde kann nach Ministerialverfügung vom 12. März 1907 bei Neukonzessionierungen,

wenn der Pflichtige wegen geringen Ertrags und Kapitales gewerbsteuerfrei ist . . . 600 Mk.,
wenn er in der 4. Gewerbsteuerklasse veranlagt ist . . . . 1200 Mk.,
wenn er in der 3. Gewerbsteuerklasse veranlagt ist . . . . 2400 Mk.,
wenn er in der 2. Gewerbsteuerklasse veranlagt ist . . . . 3600 Mk.,
wenn er in der 1. Gewerbsteuerklasse veranlagt ist . . . . 5000 Mk.

betragen.

Sachsen: Erteilung der Konzession für Gast- und Schankwirtschaften 5 bis 300 Mk.,
Genehmigung zur Erweiterung des Betriebes 3 bis 150 Mk.

Württemberg:

Konzession für Gastwirtschaften .	50 bis	1000 Mk.,
„ für Schankwirtschaften für Wein	30 bis	150 Mk.,
„ für Schankwirtschaften für Obstmost . . .	8 bis	50 Mk.,
„ für Schankwirtschaften für Bier	15 bis	150 Mk.,
„ für Schankwirtschaften für Branntwein . .	10 bis	100 Mk.,
„ für Schankwirtschaften für sonstige geistige Getränke	5 bis	20 Mk.

Baden: Konzession für Gastwirtschaft .	150 bis	1000 Mk.,
je nach der Einwohnerzahl, Schankwirtschaft	100 bis	600 Mk.,
Hessen: Konzession für Gastwirtschaft .	60 bis	1000 Mk.,
je nach der Einwohnerzahl, Schankwirtschaft	35 bis	600 Mk.

e) Bei der Erteilung der Erlaubnis zum Kleinhandel mit Branntwein und Spiritus (§ 33 RGewO.).

Die Abgabe soll betragen 40 bis 100 Mk. und wenn die Erlaubnis nur zu vorübergehenden Gelegenheiten oder auf nicht länger als zwei Jahre erteilt wird, 10 bis 50 Mk.

Anderwärts wird erhoben:

Preußen	5	bis 500 Mk.,
Sachsen	5	bis 300 Mk.,
Württemberg . .	10	bis 100 Mk.,
Baden	40	bis 100 Mk.,
Hessen	40	bis 100 Mk.,
Anhalt	1.50	bis 300 Mk.

f) Bei der Erteilung der ortspolizeilichen Erlaubnis zum vorübergehenden Feilbieten geistiger Getränke im Falle eines besonderen Bedürfnisses (§ 42a Abs. 3 RGewO.) oder zum Verkauf von geistigen Getränken zum Genuß auf der Stelle (§ 67 Abs. 2 RGewO.).

Hierunter fallen insbesondere die Erlaubniserteilungen zur vorübergehenden Errichtung von Bier-, Wein-, Kaffee-, Branntweinausschankstellen bei Volks-, landwirtschaftlichen, Schützenfesten u. dergl. Veranlassungen.

Die Abgabe soll betragen 5 bis 300 Mk.

Württemberg erhebt 2 bis 40 Mk. In anderen Bundesstaaten, z. B. in Preußen, wird in solchen Fällen ein Erlaubniserteilungsstempel nicht erhoben.

g) Bei der Erteilung einer Erlaubnis zur gewerbsmäßigen öffentlichen Veranstaltung von Singspielen, Gesangs- und deklamatorischen Vorträgen, Schaustellungen von Personen oder theatralischen Vorstellungen ohne höheres Interesse der Kunst oder Wissenschaft in Wirtschafts- oder sonstigen Räumen oder zur Überlassung dieser Räume zu gewerbsmäßigen öffentlichen Veranstaltungen dieser Art (§ 33a RGewO.).
Die Abgabe soll betragen 10 bis 1000 Mk.

Andere Staaten erheben:

Preußen: 5 bis 500 Mk., Sachsen: 5 bis 300 Mk., Württemberg: 25 bis 100 Mk., Baden: 100 bis 500 Mk., Hessen: 100 bis 500 Mk., außerdem ist in Hessen für jeden Tag, an welchem Vorstellungen stattfinden, oder für jede Woche oder für das Jahr noch eine besondere Abgabe zu entrichten, welche beträgt:

für einen Tag 50 Pfg. bis 20 Mk.,
„ eine Woche 3 bis 130 Mk.,
„ ein halbes Jahr 25 bis 500 Mk.,
„ ein Jahr 50 bis 1000 Mk.

h) Bei der Erteilung der Erlaubnis zum Betriebe des Pfandleiher-, Pfandvermittler-, Gesindevermieter oder Stellenvermittlergeschäfts (§ 34 RGewO.).
Die Abgabe soll betragen 20 bis 500 Mk.

Anderwärts wird erhoben:

Preußen: 50 bis 500 Mk., Sachsen: 5 bis 150 Mk., Württemberg (nur Pfandleiher): 10 bis 100 Mk., Baden (nur Pfandleiher): 20 bis 200 Mk., Elsaß-Lothringen (nur Pfandleiher): 15 Mk., Hessen: Pfandleiher 50 bis 300 Mk.

Pfandvermittler, Gesindevermieter oder Stellenvermittler } 20 bis 100 Mk.

Wenn Gemeinden, Innungen und andere ähnliche Körperschaften und Verbände, Handelskammern, Landwirtschaftskammern, Handwerkskammern, Berufsvereine, Gewerbevereine u. dergl. Geschäfte dieser Art betreiben, so wird bei ihnen die Erwerbsabsicht fehlen, so daß ein gewerbsmäßiger Betrieb nicht stattfindet und es einer Erlaubnis überhaupt nicht bedarf.

Der Art. 221a sieht die Möglichkeit eines Erlasses oder einer Erstattung der besonderen Abgaben aus Billigkeitsrücksichten vor für solche Fälle, in denen von der erteilten Konzession, Erlaubnis, Genehmigung oder Dispenserteilung erweislich kein Gebrauch gemacht worden ist. Zuständig zur Anordnung des Erlasses oder der Erstattung in diesen Fällen soll das Staatsministerium der Finanzen sein und zwar auch für den Teil der Abgabe, den die Gemeinde zu beziehen hat.

LI. Im Art. 225 Abs. 2 und 4 wird statt „10 Pfg." gesetzt „20 Pfg."

Begründung:

Der Entwurf schlägt mit Rücksicht auf die unter Art. I Ziff. VIII[1]) vorgesehene Erhöhung der Schreibgebühren in den Angelegenheiten der freiwilligen Gerichtsbarkeit vor, daß auch die im Art. 225 Abs. 2 und 4 bestimmten Schreibgebühren statt bisher 10 Pfg. künftig 20 Pfg. für die Seite betragen sollen. Die Erhöhung ist dringend veranlaßt angesichts der hohen Kosten, welche das Schreibwerk der Staatskasse sowie auch den Gemeinden, soweit diese Distriktsverwaltungsbehörden sind, verursacht.

Auf dem Gebiete der Verwaltung werden für die von Amts wegen zu erteilenden Ausfertigungen, Abschriften und Auszüge Schreibgebühren überhaupt nicht erhoben. Es besteht daher die Verpflichtung zur Entrichtung von Schreibgebühren nur für solche Ausfertigungen, Abschriften und Auszüge, welche den Parteien nur auf deren besonderen Antrag (wegen Verlustes, Beschmutzung der ursprünglichen erteilten oder aus ähnlichen Gründen) erteilt werden.

LII. Nach Art. 226 werden nachstehende Vorschriften als Art. 226a eingestellt:

Art. 226 a.

„An Auslagen werden in den Angelegenheiten der Justiz-, inneren-, Polizei- und Finanzverwaltung, sowie in der Verwaltungsrechtspflege, abgesehen von

1) Siehe S. 8.

den in den Art. 225, 226 bezeichneten Schreibgebühren, erhoben:

1. die Post- und Telegraphengebühren sowie die im Fernverkehr zu entrichtenden Fernsprechgebühen;
2. die durch Einrückung einer Bekanntmachung in öffentliche Blätter oder durch sonstige Veröffentlichung einer Bekanntmachung entstehenden Kosten;
3. die an Zeugen und Sachverständige zu zahlenden Gebühren;
4. die bei Geschäften außerhalb der Amtsstelle den Beamten und Bediensteten zustehenden Tagegelder und Reisekosten;
5. die Vorlade- und Zustellgebühren;
6. die an andere Behörden oder Beamte oder sonstige Personen für deren Tätigkeit zu zahlenden Beträge.

In den Angelegenheiten des Art. 3 sowie des Art. 234 Ziff. 3 bis 23 werden die unter Ziff. 1 und 5 bezeichneten Auslagen nicht erhoben."

Begründung:

Abgesehen von den Bestimmungen in den Art. 232, 233, wonach erforderlichenfalls zur Deckung von Auslagen ein Auslagenvorschuß eingefordert und die Aushändigung von Zeugnissen oder ähnlichen Dokumenten von der vorherigen Entrichtung der Gebühren und Auslagen abhängig gemacht werden kann, fehlt es im Gebührengesetze zurzeit an einer näheren Regelung der Auslagenerhebung auf dem Gebiete der Justiz-, inneren-, Polizei- und Finanzverwaltung sowie der Verwaltungsrechtspflege. Es liegt jedoch ebenso im Interesse der Parteien als im Interesse der Staatskasse, daß im Gesetze genau bestimmt wird, welche Auslagen den Parteien in Rechnung gestellt werden können.

Der Entwurf zählt die Auslagen, welche den Parteien in Rechnung gestellt werden können, erschöpfend auf mit der beabsichtigten Wirkung, daß andere Auslagen von den Parteien nicht zu ersetzen sein sollen. Sachlich entspricht die Regelung des Entwurfs lediglich den bisher in der Praxis zur Geltung gebrachten Grundsätzen.

LIII. Im Art. 228 werden die Worte „die in den Art. 202 und 212 Ziff. 3 bezeichneten Gebühren" ersetzt durch die Worte „die in den Art. 202 und 212a bezeichneten Gebühren".[1])

LIV. Der Art. 231 erhält folgende Fassung:

Art. 231.

„Schuldner der Gebühren und Auslagen ist:

a) in Verwaltungsstreitsachen derjenige Streitsteil, dem durch Entscheidung der Behörde die Kosten auferlegt sind,

b) bei der Erteilung einer Konzession, Genehmigung oder Erlaubnis derjenige, dem die Konzession, Genehmigung oder Erlaubnis erteilt worden ist,

c) in den übrigen Fällen derjenige, der die Amtshandlung, für welche die Gebühren oder Auslagen entstanden sind, veranlaßt hat oder in dessen Interesse die Behörde die Amtshandlung vorgenommen hat.

In den Fällen des Abs. 1 können die durch einen Mitbewerber oder durch unbegründete Einwendungen eines widersprechenden Dritten entstandenen besonderen Gebühren oder Auslagen dem Mitbewerber oder dem widersprechenden Dritten auferlegt werden.

Die Verpflichtung des Antragstellers zur Zahlung der Gebühren und Auslagen besteht auch in den Fällen des Abs. 1 lit. a und b, wenn die Gebühren oder Auslagen von demjenigen, dem die Kosten auferlegt sind oder dem die Konzession, Genehmigung oder Erlaubnis erteilt worden ist, nicht beigebracht werden können."

LV. Nach Art. 231 werden nachstehende Vorschriften als Art. 231a, 231b eingestellt:

1) Ziffer LIII beruht auf Beschluß der Reichsratskammer.

Art. 231 a.

„Schuldner der besonderen Abgaben ist derjenige, dem die Konzession, Genehmigung oder Erlaubnis erteilt worden ist.

Bei verpachteten Gast- oder Schankwirtschaften haftet für die besondere Abgabe der Verpächter als Gesamtschuldner“ [1]).

Art. 231 b.

„Die Gebühren werden fällig mit der Vornahme der gebührenpflichtigen Amtshandlung, die Auslagen mit ihrer Entstehung.

In den Fällen des Art. 231 Abs. 1 lit. a und b bleibt jedoch die Erhebung der Gebühren und Auslagen bis zum instanziellen Abschlusse der Verhandlungen ausgesetzt.

Die besonderen Abgaben werden mit der Erteilung der Konzession, Genehmigung oder Erlaubnis fällig.“

Begründung:

Im Art. 231 des bisherigen Gebührengesetzes war bestimmt, daß Schuldner der Gebühren derjenige ist, welcher die gebührenpflichtige Amtshandlung veranlaßt hat. Wer Schuldner der Auslagen ist, war im Gebührengesetze bisher nicht geregelt. Ebenso fehlte es an einer Bestimmung über die Fälligkeit von Gebühren und Auslagen. Die gesetzliche Regelung dieser Punkte hat sich jedoch in der Praxis als ein Bedürfnis erwiesen; sie läßt sich angesichts der Vorschläge des Entwurfs unter Art. I Ziff. XLIII [2]) nicht wohl mehr umgehen. Der Entwurf unternimmt es in den von ihm vorgeschlagenen neuen Art. 231 und 231b genau zu regeln, wer der Schuldner der Gebühren und Auslagen ist und wann die Gebühren und Auslagen fällig werden; zugleich erstreckt er die Regelung auf die besonderen Abgaben (Art. 231a, Art. 231b Abs. 3). Die Vorschriften in den vorgeschlagenen Art. 231, 231b Abs. 1, 2 entsprechen den bisher schon in der Praxis zur Geltung gebrachten Grundsätzen.

---

1) Der Abs. 2 des Art. 231 a ist erst durch den Ausschuß der Kammer der Abgeordneten eingefügt worden (Verh. d. K. d. Abg. Bd. IX S. 868).

Die Tendenz der Neuerung ist die, sowohl dem Staate eine größere Sicherheit für die besondere Abgabe zu gewähren, als auch im Prinzip auszusprechen, daß die Abwälzbarkeit der besonderen Abgabe von dem Pächter auf den Verpächter vorgesehen werden wolle (a. a. O.).

2) Jetzt: Ziffer LII.

LVI. Der Art. 233 erhält folgende Fassung:

Art. 233.

„Die Aushändigung von Zeugnissen sowie der in den Art. 202 Ziff. 4, Art. 208 bis 219, Art. 223, Art. 225 Abs. 2, 3 bezeichneten Urkunden und Schriftstücke kann von der vorherigen Zahlung der dafür geschuldeten Gebühren und Auslagen abhängig gemacht werden. An Stelle der Zurückbehaltung kann die Übersendung an den empfangsberechtigten Zahlungspflichtigen unter Nachnahme der Gebühren und Auslagen mittels der Post erfolgen."

Begründung:

Der Satz 1 des vorgeschlagenen Art. 233 entspricht dem bisherigen Art. 233. Der Satz 2 will für die Zeugnisse und Schriftstücke, deren Aushändigung von der vorherigen Zahlung der Gebühren und Auslagen abhängig gemacht werden kann, die Übersendung durch Postnachnahme zulassen. Vgl. Art. I Ziff. VII, 1 und den hiernach im Art. 39 in Bezug genommenen § 97a RGKostG. (RGBl. 1909 S. 495).

LVII. Im Art. 234 wird

1. nachstehende Vorschrift als Ziff. 2a eingestellt:

„2a. für bloße Auskunftserteilungen, Ratschläge, Vermittelungen, Anregungen u. dergl.";

2. die Ziff. 5 und die Ziff. 9 erhalten folgende Fassung:

„5. für die Verhandlungen und Entscheidungen des Verwaltungsgerichtshofs nach Art. 7 Abs. 2 des Gesetzes vom 8. August 1878, betr. die Errichtung eines Verwaltungsgerichtshofs und das Verfahren in Verwaltungsrechtsachen, falls durch die Entscheidung des Verwaltungsgerichtshofs festgestellt wird, daß der Beamte sich einer Überschreitung seiner Amtsbefugnisse oder der Unterlassung einer ihm obliegenden Amtshandlung schuldig gemacht hat;[1][2])

1) Die neue Fassung der Ziff. 5 und 9 und die neuen Ziff. 24 und 25 beruhen entsprechend einem Antrag des Korreferenten Landtagsabgeordneten Dr. Einhauser auf Beschluß der Kammer der Abgeordneten (Verh. d. K. d. Abg. Bd. IX S. 869).

2) Die neue Bestimmung soll dem Überhandnehmen frivoler Anträge auf Vorentscheidung des Verwaltungsgerichtshofs vorbeugen.

9. für Verhandlungen und Beschlüsse in Innungs-, Handelskammer- und Handwerkskammerangelegenheiten";

3. als Ziff. 24 und 25 werden folgende Vorschriften beigefügt:

„24. in dem Verfahren der Behörden der inneren Verwaltung zum Vollzuge des Art. 34 oder des Art. 40 des Forstgesetzes;

25. in dem Verfahren der Behörden der inneren Verwaltung in viehseuchenpolizeilichen Angelegenheiten".

Begründung:

Die Ergänzung entspricht einem praktischen Bedürfnisse [1]).

LVIII. Im Art. 235 wird an Stelle des Wortes „Gebühren" gesetzt „Gebühren oder besondere Abgaben".

Begründung:

Die Ergänzung des Art. 235 ist geboten, weil Baudispensgesuche durch eine unrichtige Sachbehandlung von Behörden veranlaßt sein können.

LIX. Dem Art. 235 wird folgende Vorschrift als Abs. 2 beigefügt:

„Die Distriktsverwaltungsbehörden und die ihnen nach Art. 204 gleichzuachtenden Behörden sind ferner unbeschadet des ärarialischen Erinnerungs- und Beschwerderechts befugt, in Fällen, in denen die Verhältnisse des Schuldners oder die Geringfügigkeit des Gegenstandes eine Ausnahme begründen [2]), die

---

1) Die Begründung bezieht sich lediglich auf die neue Ziff. 2a unter Ziffer 1.

2) Im Entwurf hieß es „in besonderen Ausnahmefällen"; die jetzige Fassung beruht auf Beschluß der Kammer der Abgeordneten (Verh. d. K. d. Abg. Bd. IX S. 870).

Durch die nunmehrige Fassung will zum Ausdruck gebracht werden, daß ein weiteres Entgegenkommen in der Regel gewünscht wird, wenn es sich um minderbemittelte Schuldner oder um geringfügige Gegenstände handelt (a. a. O.).

Gebühr des Art. 202 Ziff. 2 und 3[1]) bis auf 1 Mk. zu ermäßigen."

Begründung:

Vgl. die Begründung zu Art. I Ziff. XXXIV.[2])

LX. Im Art. 237 Abs. 1 bis 4 und im Art. 238 wird statt „Gebühren und Auslagen" gesetzt: „Gebühren, Auslagen und besondere Abgaben."

Begründung:

Die Ergänzung ist veranlaßt durch die Einführung der besonderen Abgaben.

Der Entwurf steht auf dem Standpunkte, daß außer dem Zahlungspflichtigen und dem Staatsärar auch die bezugsberechtigten Gemeinden[3]) berechtigt sein sollen, ihre Ansprüche wegen des Ansatzes besonderer Abgaben auf dem im Art. 237 vorgezeichneten Wege geltend zu machen.

LXI. Nach dem Art. 238 wird nachstehender Art. 238a eingeschaltet:

Art. 238 a.

„Die Beteiligten sind verpflichtet, den zum Ansatz und zur Erhebung der besonderen Abgaben (Art. 215 Abs. 2, Art. 220) zuständigen Behörden über die für die Bemessung dieser Abgaben maßgebenden Umstände auf Erfordern Auskunft zu geben. Wird die Auskunft ohne entschuldbaren Grund verweigert, so kann die Behörde Ordnungsstrafen bis zum Gesamtbetrage von 60 Mk. festsetzen.

Sind in der Absicht die besondere Abgabe zu hinterziehen falsche Angaben gemacht worden, so trifft jeden der Beteiligten eine Geldstrafe bis zum doppelten Betrage der hinterzogenen Abgabe."

Begründung:

Welche Behörden zum Ansatze, zur Erhebung und Beitreibung der besonderen Abgaben zuständig sind, bestimmt der Art. 291a (Art. I Ziff. LXIII).[4]) Es ist jedoch erforderlich,

---

1) Die Ziff. 3 wurde auch erst durch die Abgeordnetenkammer eingeschaltet (a. a. O.).
2) Jetzt: Ziffer XLII.
3) Die besondere Abgabe fällt aber jetzt nicht an die Gemeinde
4) Jetzt: Ziffer LXXVII.

im Gesetz auszusprechen, daß die Beteiligten verpflichtet sind, den zuständigen Behörden auf Erfordern über die für die Bemessung der Abgaben maßgebenden Umstände Auskunft zu erteilen. Die Beteiligten sollen hierzu durch Ordnungsstrafen angehalten werden können (Art. 238a).

Der Abs. 2 des vorgeschlagenen Art. 238a sieht eine Hinterziehungsstrafe vor. Auf diese finden die Vorschriften des Art. 298 des Gesetzes über das Gebührenwesen Anwendung.

LXII. Der Art. 244 Abs. 1 ist wie folgt zu fassen:

Die Eintragung in die Adelsmatrikel unterliegt einer besonderen Gebühr zu

1. 60 Mk. bei dem einfachen Adel mit dem Prädikate „von";
2. 100 Mk. bei dem Ritterstande;
3. 200 Mk. bei dem Freiherrnstande;
4. 400 Mk. bei dem Grafenstande;
5. 600 Mk. bei dem Fürstenstande[1]).

LXIII. Der Art. 246 erhält nachstehende Fassung:

„Für die Bewilligung zur Annahme fremdherrlicher Orden, Titel, Ehrenzeichen oder Würden kommt eine Gebühr von 100 Mk. zur Erhebung."[2])

LXIV. Die Art. 254, 255 erhalten folgende Fassung:

Art. 254.

„Bei der Nachfolge in Lehen, Familienfideikommisse, Majorate, Stamm- und Erbgüter, bei einer Nacherbfolge oder einem Nachvermächtnisse, dann überhaupt in den Fällen, in welchen Nutzung oder Substanz auf dem Wege der Erbfolge gesondert erworben werden, wird die Besitzveränderungsgebühr aus dem Betrage berechnet, der für die Berechnung der Erbschaftssteuer maßgebend ist."

1) Die neuen Gebührensätze beruhen auf Beschluß der Kammer der Abgeordneten (Verh. d. K. d. Abg. Bd. IX S. 873). — Bei Vorliegen eines Verdienstes seitens des Beliehenen erfolgt in der Regel gebührenfreie Verleihung.

2) Der neue Gebührenansatz beruht ebenfalls auf Beschluß der Kammer der Abgeordneten (Verh. d. K. d. Abg. Bd. IX S. 873).

Art. 255.

„Ist der Erbe durch Verfügung von Todes wegen verpflichtet, zum Vollzug eines Vermächtnisses oder einer Auflage ein zum Nachlasse gehörendes Grundstück oder ein den Grundstücken gleichstehendes Recht zu übertragen, so wird die von ihm aus dem Werte des Grundstücks oder des Rechtes entrichtete Besitzveränderungsgebühr zurückvergütet, wenn der Nachweis erbracht ist, daß die Auflassung stattgefunden hat und die Gebühr für die Auflassung entrichtet ist."

Begründung:

1. Der Vorschrift im bisherigen Art. 254 lag die Absicht zugrunde, daß die Berechnung der Besitzveränderungsgebühr bei der Nachfolge in Lehen, Familienfideikommisse und ähnliche Güter, bei der Nacherbfolge oder dem Nachvermächtnisse sowie überhaupt in allen Fällen, in denen die Nutzung und die Substanz auf dem Wege der Erbfolge gesondert erworben werden, nach den gleichen Grundsätzen erfolgen soll wie die Berechnung der Erbschaftssteuer. Wenn dieser Zweck auch ferner erreicht werden soll, muß der Art. 254 in der vom Entwurfe vorgeschlagenen Weise geändert werden, da für die Berechnung der Erbschaftssteuer nunmehr das Reichs-Erbschaftssteuergesetz vom 6. Juni 1906 maßgebend ist. Nach letzterem Gesetze sind allerdings die Sätze, nach denen die Nutzung zu kapitalisieren ist (§ 18 RErbschStG.), um ein geringes höher als die Sätze des bayerischen Erbschaftssteuergesetzes; anderseits tritt jedoch die erhebliche Begünstigung ein, welche das Reichs-Erbschaftssteuergesetz dem land- und forstwirtschaftlichen Grundbesitz zuteil werden läßt (§§ 15, 16 RErbschStG.).

2. Die Änderung des Art. 255 ist geboten, nachdem es der Billigkeit entspricht, die dort eingeräumte Begünstigung auch dem Erben zuzuwenden, der auf Grund einer Verfügung von Todes wegen verpflichtet ist, zum Vollzug einer Auflage ein zum Nachlaß gehöriges Grundstück oder den Grundstücken gleichstehendes Recht zu übertragen.

LXV. Im Art. 257 werden

1. die Worte: „im Art. 42" ersetzt durch die Worte: „im Art. 40a und im Art. 42";
2. nach dem Art. 257 wird nachstehender Art. 257a eingestellt:

Art. 257 a.

„Auf die Besitzveränderungsgebühr finden an Stelle der Bestimmungen in Art. 250 die Vorschriften der Art. 47 bis 50 entsprechende Anwendung.

Über die Beschwerde entscheidet das Landgericht, in dessen Bezirk das Rentamt seinen Sitz hat, von dem die Besitzveränderungsgebühr festgesetzt worden ist."

Begründung:

Die Besitzveränderungsgebühr (Art. 252) sowie das Gebührenäquivalent (Art. 258) sind reine Immobiliargebühren wie die Gebühr des Art. 146 und lediglich dazu bestimmt, die im Art. 146 für vertragsmäßige Besitzveränderungen an Grundstücken und diesen gleichstehenden Rechten geregelte Immobiliargebührenerhebung entsprechend zu ergänzen. Bei der Erhebung der Besitzveränderungsgebühr und des Gebührenäquivalents ergeben sich daher im wesentlichen die gleichen Rechtsfragen wie bei der Erhebung der Gebühr des Art. 146. Während nun aber über Beschwerden wegen des Ansatzes der Gebühren nach Art. 146 die Landgerichte und in letzter Instanz das Oberste Landesgericht entscheiden (Art. 47 bis 50), sind zur Entscheidung von Streitfragen über die Verpflichtung zur Entrichtung der Besitzveränderungsgebühr oder des Gebührenäquivalents die Regierungsfinanzkammern und in letzter Instanz der Verwaltungsgerichtshof zuständig (Art. 250). Der Umstand, daß hiernach die Entscheidung von Beschwerden wegen des Ansatzes der Immobiliargebühren nicht durchweg in einer Hand liegt, erschwert die Erzielung einer einheitlichen Rechtsprechung und eines gleichmäßigen Gesetzesvollzugs. Hierzu ist überdies neuestens der Umstand gekommen, daß infolge der durch das Reichsstempelgesetz vom 15. Juli 1909 erfolgten Einführung einer Reichsstempelabgabe von Grundstücksübertragungen über die gleichen Rechtsfragen, die sich bei der Erhebung der bayerischen Immobiliargebühren ergeben, nunmehr auch noch das Reichsgericht entscheidet. Der Entwurf will im Interesse der Erzielung einer möglichst einheitlichen Rechtsprechung sowie zur Ermöglichung eines tunlichst gleichmäßigen Gesetzesvollzugs eine Vereinfachung wenigstens insofern herbeiführen, als er für die Entscheidung von Streitfragen wegen des Ansatzes von Besitzveränderungsgebühren und Gebührenäquivalenten den gleichen Instanzenzug bestimmen will, der für Beschwerden wegen des Ansatzes der Gebühren des Art. 146 besteht.

LXVI. Nach dem Art. 258 wird nachstehender Art. 258a eingestellt:

Art. 258 a.

„Aktiengesellschaften, Kommanditgesellschaften auf Aktien, Gesellschaften mit beschränkter Haftung, Gewerkschaften, Vereine, Genossenschaften, einfache Kommanditgesellschaften, offene Handelsgesellschaften und Gesellschaften nach §§ 705 u. ff. des Bürgerlichen Gesetzbuchs haben das Gebührenäquivalent von den zum Gesellschafts- oder Vereinsvermögen gehörenden Grundstücken und diesen gleichstehenden Rechten auch dann zu entrichten, wenn alle Anteile auf Grund eines Rechtsgeschäfts unter Lebenden[1]) in der Hand eines Teilhabers vereinigt werden oder nachdem sie in der Hand eines Teilhabers vereinigt sind, auf einen anderen übertragen werden[2])[3]). Ehegatten sowie Eltern und Kinder gelten im Sinne dieser Vorschrift als eine Person.

Die Entrichtung des Gebührenäquivalents in den Fällen des Abs. 1 ist der Entrichtung einer verhältnismäßigen Gebühr im Sinne der Vorschrift des Art. 258 Abs. 1 gleichzuachten[4]).

---

1) Die Beschränkung der Gebührenpflicht auf die Rechtsgeschäfte unter Lebenden wurde erst von der Kammer der Reichsräte, entsprechend einem Antrag des Referenten Reichsrates von Thelemann, beigefügt.

2) Das Gebührenäquivalent des Art. 258a wird dafür entrichtet, daß eine wenn auch nicht rechtliche, so doch tatsächliche Besitzveränderung eingetreten ist.

Auf die Emmissionshäuser trifft demnach die neue Bestimmung nicht zu bezüglich der Aktien, die sie bei Begründung einer Gesellschaft nicht sofort ausgeben.

3) Nicht unter Art. 258a fällt, wenn bei einer neu gegründeten Gesellschaft von vornherein die Aktien in einer Hand vereinigt, sind oder wenn bei der offenen Handelsgesellschaft z. B. der Inhaber einer Einzelfirma einen andern in sein Geschäft aufnimmt und wenn dadurch eine offene Handelsgesellschaft gebildet wird. — Art. 258a greift erst ein, wenn nach bereits erfolgter Errichtung der Gesellschaft die Vereinigung in eine Hand eintritt (Ministerialrat Dr. Unzner im Ausschuß der Kammer der Reichsräte).

4) Die Bedeutung des Abs. 2 ist die, daß, wenn jemand die Gebühr des Art. 258a, die eigentlich keine verhältnismäßige Gebühr im technischen Sinne ist, doch als Bezahlung einer verhältnismäßigen Gebühr im Sinne des Art. 258 GebGes. gilt, so daß die nächsten 20 Jahre erst wieder von da ab laufen (Ministerialrat Dr. Unzner im Ausschuß der Kammer der Reichsräte).

Erfolgt in den Fällen des Abs. 1 innerhalb zwei Jahren im Grundbuche die Umschreibung der zum Gesellschafts- oder Vereinsvermögen gehörenden Grundstücke oder diesen gleichstehenden Rechte auf den Erwerber der sämtlichen Anteile oder werden die zum Gesellschafts- oder Vereinsvermögen gehörenden Grundstücke oder diesen gleichstehenden Rechte binnen Jahresfrist von einer der nach Abs. 1 als eine Person zu erachtenden mehreren Teilhaber zu Alleineigentum übernommen, so wird das Gebührenäquivalent auf die zum Anfalle gelangende Gebühr des Art. 146 angerechnet."

Begründung:

Eine besondere Gefahr der Umgehung der Grundstücksumsatzgebühren (Immobiliargebühren) des Art. 146 liegt auf dem Gebiete des Gesellschaftsrechts. Es ist zu diesem Zwecke nur die Errichtung einer Gesellschaft, z. B. einer Gesellschaft m. b. H. oder einer offenen Handelsgesellschaft, erforderlich. Ist eine solche Gesellschaft einmal errichtet, so bedarf es nur der Entrichtung der Immobiliargebühr beim ersten Ankaufe des Grundstücks oder bei dessen Einbringung in die Gesellschaft. Außerdem ist noch mit der Entrichtung des lediglich alle 20 Jahre fälligen 1 Proz. betragenden Gebührenäquivalents zu rechnen; dagegen können alle weiteren Immobiliargebühren dadurch vermieden werden, daß im Falle einer beabsichtigten Veräußerung nicht die Grundstücke selbst, sondern die die Grundstückswerte enthaltenden Gesellschaftsanteile abgetreten werden. Für die Abtretung der Gesellschaftsanteile ist, soweit notarielle Beurkundung erfolgt (wie z. B. bei der Gesellschaft m. b. H.) die Gebühr des Art. 145 mit 3‰ aus dem Reinwerte der Anteile zu erheben; erfolgt eine notarielle Beurkundung der Anteilsübertragung nicht (z. B. ist eine solche bei der offenen Handelsgesellschaft nicht erforderlich), so kann für die Anteilsübertragung eine Staatsgebühr überhaupt nicht erhoben werden. Hat auf diese Weise einer der Teilhaber oder auch ein Fremder alle Anteile in seine Hand gebracht, so kann er ohne weiteres das Gesellschaftseigentum im Grundbuch auf seinen Namen umschreiben lassen. Dafür, daß bei diesem Anlasse die Immobiliargebühr des Art. 146 zur Erhebung gebracht werden kann, sorgt der vom Entwurf unter Art. 1 Ziff. XVIII[1]) vor-

1) Jetzt: Ziffer XXII.

geschlagene neue Art. 118a. Der Gesellschafter, der alle Gesellschaftsanteile an sich gebracht hat, kann aber auch darauf verzichten, das Gesellschaftsvermögen im Grundbuche auf seinen Namen umschreiben zu lassen. In diesem Falle bleibt das Gesellschaftsvermögen möglicherweise jahrzehntelang im Grundbuche auf dem Namen der Gesellschaft geschrieben (z. B. auf die Gesellschaft m. b. H. oder auf die offene Handelsgesellschaft in Liquidation u. dergl.); faktisch ist aber der Gesellschafter, der alle Gesellschaftsanteile an sich gebracht hat, mit den gleichen Befugnissen ausgestattet wie ein Alleineigentümer. Im Falle der beabsichtigten Veräußerung des Gesellschaftseigentums kann dieses durch Weiterveräußerung der Gesellschaftsanteile an den auftretenden Erwerber übertragen werden, wobei Immobiliargebühren nicht zum Anfalle gelangen.

Die Umgehung der Immobiliargebühren in diesen Fällen würde am gründlichsten beseitigt werden durch die Vorschrift, daß die Abtretung der Gesellschaftsanteile, soweit in ihnen Grundstückswerte enthalten sind, der Immobiliargebühr unterliegt. Eine solche Vorschrift zu erlassen, wurde jedoch bisher in allen Bundesstaaten Bedenken getragen, weil hierdurch auch die an sich wünschenswerte Entwicklung solcher Gesellschaften, die nicht Spekulationsgeschäfte betreiben, störend beeinflußt würde; auch wäre bei einzelnen Gesellschaften, bei denen die Abtretung der Gesellschaftsanteile der Reichsstempelabgabe nach Tarif-Nr. 4 RStempG. unterliegt (Aktiengesellschaften), ein Konflikt mit dem § 24 RStempG. zu befürchten. Der Entwurf schlägt daher vor, daß in solchen Fällen, in denen alle Anteile einer Gesellschaft, einer Gewerkschaft, eines Vereins oder einer Genossenschaft in der Hand eines Teilhabers vereinigt werden oder nach dem sie in der Hand eines Teilhabers vereinigt worden sind, auf einen anderen übertragen werden, die Gesellschaft, die Gewerkschaft, der Verein oder die Genossenschaft das Gebührenäquivalent entrichten soll. Ehegatten oder Eltern und Kinder sollen als eine Person gelten. Das dergestalt entrichtete Gebührenäquivalent will der Entwurf auf die Immobiliargebühr anrechnen lassen, die zum Anfalle kommt, wenn der Erwerber sämtlicher Anteile binnen Jahresfrist das Gesellschafts- oder Vereinseigentum auf seinen Namen im Grundbuch umschreiben läßt oder wenn binnen gleicher Frist eine der Beteiligten mehrerer Personen (Ehegatten, Eltern und Kinder) das Vermögen zu Alleineigentum übernimmt. Die Entrichtung des Gebührenäquivalents in den vorbezeichneten Fällen muß selbstverständlich auch der Entrichtung einer verhältnismäßigen Gebühr im Sinne der Vorschrift des Art. 258 Abs. 1 gleichgeachtet werden.

LXVII. Im Art. 259 Ziff. 1 wird an Stelle des Wortes „gehören" gesetzt: „oder gemeinnützigen Baugenossenschaften gehören. Nicht als gemeinnützig gelten Baugenossenschaften, die satzungsgemäß die Einzahlungen der Mitglieder mit mehr als vier vom Hundert verzinsen oder den Mitgliedern im Falle der Auflösung mehr als die Einzahlungen ausantworten"[1]).

LXVIII. Im Art. 260 wird

1. als Abs. 2 nachstehende Vorschrift eingestellt:

   „Die Vorschriften des Abs. 1 finden in den Fällen des Art. 258a mit der Maßgabe Anwendung, daß die Anzeige spätestens binnen drei Monaten nach erlangter Kenntnis von der eingetretenen Anteilsvereinigung oder Anteilsabtretung zu erstatten ist";

2. im Abs. 3 werden die Worte: „im Art. 42" ersetzt durch die Worte: „im Art. 40a und im Art. 42".

Begründung:

Der vorgeschlagene neue Satz 2 des Art. 260 dehnt die im bisherigen Art. 260 statuierte Anzeigepflicht der gesetzlichen Vertreter der gebührenäquivalentpflichtigen Rechtssubjekte auf die Fälle des Art. 258 aus. Die Verpflichtung zur Anzeige kann jedoch in diesen Fällen erst nach Umfluß einer angemessenen Frist nach erlangter Kenntnis von der Anteilsvereinigung oder Anteilsabtretung eintreten.

LXIX. Nach Art. 260 wird nachstehender Art. 260a eingestellt:

---

1) Die neue Fassung der Ziff. 1 des Art. 259 beruht auf Beschluß der Kammer der Abgeordneten.

Der Begriff der „Gemeinnützigkeit" ist entsprechend dem neuen Einkommensteuergesetz erläutert (Verh. d. K. d. Abg. Bd. IX S. 874).

Art. 260 a.

„Auf das Gebührenäquivalent finden an Stelle der Bestimmungen in Art. 250 die Vorschriften der Art. 47 bis 50 entsprechende Anwendung.

Über die Beschwerde entscheidet das Landgericht, in dessen Bezirk das Rentamt seinen Sitz hat, von dem das Gebührenäquivalent festgesetzt worden ist."

Begründung:

Auf die Begründung zu Art. I Ziff. LIII [1]) wird Bezug genommen.

LXX. Der Art. 269 erhält folgende Fassung:

Art. 269 [2]).

„Verträge oder Urkunden (Versicherungsscheine, Policen) von Versicherungsunternehmungen über Lebensversicherungen, einschließlich jener auf den Lebensfall (Altersversorgung, Witwenversorgung, Aussteuer, Militärdienst u. dergl.), unterliegen, sofern sie sich auf in Bayern wohnhafte Personen beziehen, einer Gebühr, welche beträgt:

a) bei Kapitalversicherungen,
wenn die Versicherungssumme 3000 Mk. nicht übersteigt,
eins vom Tausend,
wenn die Versicherungssumme höher ist als 3000 Mk.
zwei vom Tausend
der Versicherungssumme;

b) bei Rentenversicherungen,
wenn die Jahresrente 120 Mk. nicht übersteigt,
eins vom Tausend,

1) Jetzt: Ziffer LXV.

2) Unter Art. 269 fällt auch die Abonnentenversicherung der Zeitungen. Bei dieser Versicherung sind zwei Fälle zu unterscheiden, entweder tritt ein anderer als Unternehmer auf, sodaß die Zeitung der Versicherte ist, oder die Zeitung ist der Versicherer und der einzelne Abonnent ist der Versicherte. Im ersteren Fall wird die Gebühr von dem Vertrag erhoben, den die Zeitung mit dem Versicherungsunternehmer abschließt; im zweiten Fall wird die Gebühr von dem Vertrag erhoben, den die Zeitung mit dem Abonnenten abschließt; denn in diesem Vertrag ist der Versicherungsvertrag mitenthalten (Verh. d. K. d. Abg. Bd. IX S. 876).

wenn die Jahresrente höher ist als 120 Mk.
zwei vom Tausend
der Versicherungssumme. Als Versicherungssumme ist bei Rentenversicherungen der Kaufpreis, in Ermangelung eines solchen der zehnfache Betrag der Rente anzusehen.

Ist die Lebensversicherung auf bestimmte Zeit abgeschlossen, so beträgt die Gebühr für jedes Jahr oder den Bruchteil eines solchen ein Zehnteil der Gebühr für eine Versicherung auf Lebenszeit von derselben Höhe. Die Gebühr darf jedoch die im Abs. 1 bestimmte Gebühr nicht übersteigen.

Wird bei einer Versicherung während der Dauer derselben eine Änderung der Bestimmungen des ursprünglichen Vertrages vorgenommen, so wird die für die frühere Urkunde nachweislich entrichtete Gebühr auf die Gebühr für die neue Urkunde angerechnet.

Werden bei Versicherungen gleicher Art von demselben Versicherer mehrere Urkunden für dieselbe Person ausgestellt, so berechnet sich die Gebühr nach dem Gesamtbetrage der versicherten Summe."

LXXI. Im Art. 270 Abs. 1 hat der Eingang zu lauten:

„Verträge oder Urkunden (Versicherungsscheine, Policen) von Versicherungsunternehmungen über Feuerversicherungen . . . . ."

LXXII. Nach Art. 270 werden folgende Vorschriften als Art. 270a eingestellt.

Art. 270 a.

„Verträge oder Urkunden (Versicherungsscheine, Policen) von Versicherungsunternehmungen über Haftpflichtversicherungen, Unfallversicherungen oder sonstige Versicherungen der nicht bereits in den Art. 269, 270 bezeichneten Art unterliegen, sofern sie sich auf in Bayern wohnhafte Personen oder auf in Bayern befindliche Gegenstände beziehen, einer Gebühr zu eins vom Hundert der vereinbarten Prämienzahlungen.

Die Vorschriften in Art. 270 Abs. 1 Satz 2, Absatz 2, 3 finden entsprechende Anwendung."

Begründung:

Hinsichtlich der Gebührenerhebung von Versicherungsverträgen besteht in Bayern zurzeit im wesentlichen noch die gleiche Regelung, die bereits im Gesetz über das Gebührenwesen vom 18. August 1879 vorgesehen war. Insbesondere unterliegen auch jetzt noch der Gebührenpflicht lediglich die Lebens- und Leibrentenversicherungsverträge sowie die Feuerversicherungsverträge, während für alle anderen Versicherungsverträge eine Gebührenpflicht nicht besteht. Das Versicherungswesen hat sich jedoch seit dem Jahre 1879 in außerordentlichem Maße weiterentwickelt und es besteht kein Anlaß, die zahlreichen Arten von Versicherungen, die außer der Lebens- und Leibrentenversicherung sowie der Feuerversicherung bestehen, gebührenfrei zu belassen.

Der Entwurf will daher die Gebührenpflicht der Versicherungsverträge, wie dies auch in anderen Bundesstaaten der Fall ist, möglichst allgemein zur Durchführung bringen. Zu diesem Zwecke sieht er zunächst eine genauere Fassung des Art. 269 vor.

Als Lebensversicherungen im Sinne des Art. 269 Abs. 1 kamen nach der bisherigen Fassung dieser Gesetzesbestimmung nur die Kapitalversicherungen in Betracht. Weiter aber besteuerte der bisherige Art. 269 nur noch die Leibrentenversicherungen. Als solche wurden von der Rechtsprechung seither nur Rentenversicherungen angesehen, bei denen die Rentenverabfolgung entweder auf Lebensdauer gewährt oder hinsichtlich des Anfanges oder Endes oder in beiden Beziehungen rein zeitlich beschränkt war. Dagegen wurden Rentenversicherungen, die auf anormale Vorgänge des menschlichen Lebens abgestellt waren, z. B. Rentenversicherungen für den Krankheitsfall oder den Invaliditätsfall, nicht für gebührenpflichtig erklärt. Für eine solche Unterscheidung liegt jedoch für das Gesetz ein rechtfertigender innerer Grund nicht vor. Der Entwurf will daher Lebensversicherungen jeder Art (Kapital- und Rentenversicherungen auf den Todesfall wie auf den Erlebensfall, Altersversorgungen, Aussteuer-, Militärdienstversicherungen u. dergl.) besteuern. Bezüglich der Gebührensätze sowie der sonstigen

Erhebungsmodalitäten soll an dem bisherigen Rechte eine Änderung nicht getroffen werden.

Hinsichtlich der Besteuerung der Feuerversicherungen soll es bei den bisherigen Vorschriften bewenden. Die vorgeschlagene Änderung des Art. 270 ist lediglich redaktioneller Art und hat in dem Sprachgebrauche des Reichsgesetzes über die privaten Versicherungsunternehmungen (RGBl. 1901 S. 139) ihren Grund.

Der neu vorgeschlagene Art. 270a regelt die Gebührenpflicht für alle übrigen von den Vorschriften in den Art. 269, 270 nicht bereits betroffenen Versicherungen. Hierher gehören insbesondere die Haftpflicht- und Unfallversicherung, die Gas-, Wasserleitungs-, Einbruchdiebstahlversicherung, die Sturmschadenversicherung. Die geeignetste Grundlage für die Erhebung der Gebühr für diese Versicherungen ist die Prämie.

Der Entwurf schlägt daher vor, daß die Gebühr mit 1 vom Hundert aus den vereinbarten Prämienzahlungen erhoben werden soll. Hierbei geht er von der Annahme aus, daß anläßlich einer jeden Prämienzahlung die daraus treffende Gebühr zu erheben sein soll. Sofern daher vertragsgemäß die Prämien für mehrere Jahre in einer Summe vorausgezahlt werden, ist die Gebühr sofort aus der gesamten Vorauszahlung zu entrichten; ist die Prämie dagegen jährlich zu entrichten, so wird auch die Gebühr von jeder Jahresprämie erhoben. Vereinbarte Prämienzahlungen, die beim Inkrafttreten der vorgeschlagenen Neuregelung bereits verfallen und entrichtet sind, sollen, auch wenn der Versicherungsvertrag nach diesem Zeitpunkte noch weiterläuft, selbstverständlich von der Gebührenpflicht nicht erfaßt werden.

Der Mindestbetrag der Gebühr soll 10 Pfg. sein.

Anderwärts wird z. B. erhoben:

Unfall- und Haftpflichtversicherung:

Preußen: ½ vom Hundert aus dem Gesamtbetrage der Prämien; Versicherungen unter 40 Mk. Jahresprämien sind frei.

Sachsen: bis 50 Mk. Gesamtbetrag der Prämien 50 Pfg., über 50 Mk. Gesamtbetrag der Prämien 1 vom Hundert.

Anhalt: 1 vom Hundert des Gesamtbetrags der Prämien in Abstufungen von je 20 Pfg. für je 20 Mk., Prämien bis zu 40 Mk. frei.

Hamburg: 1 Mk. fixe Gebühr; befreit sind Versicherungen mit nicht mehr als 5000 Mk. Versicherungssumme oder 5 Mk. Prämie.

Lübeck: ½ vom Hundert der Gesamtprämie.

Übrige Versicherungen:

Preußen und die meisten übrigen Bundesstaaten: wie Feuerversicherungen (aus der Versicherungssumme).

Hamburg: 2 vom Hundert des Gesamtbetrags der vereinbarten Prämien (Jahresprämien bis zu 5 Mk. frei).

LXXIII. Der Art. 271 erhält folgende Fassung:

Art. 271.

„Von der Gebühr sind befreit:[1])

1. die Versicherungen gegen Brandschaden bei der Brandversicherungsanstalt;
2. Versicherungen, die bei den auf Grund des Gesetzes über die eingeschriebenen Hilfskassen errichteten Kassen oder bei den auf Grund der Reichsgewerbeordnung von Innungen oder Innungsverbänden errichteten Unterstützungskassen oder bei Berufsgenossenschaften gemäß § 23 des Gesetzes betreffend die Änderung der Unfallversicherungsgesetze vom 30. Juni 1900 oder bei den auf Grund berggesetzlicher Vorschriften errichteten Knappschaftskassen begründet werden;
3. Versicherungen von Bediensteten und Arbeitern gegen die bei dem Betriebe von Gewerben herbeigeführten Tötungen und Körperverletzungen und die Arbeitslosenversicherung;
4. Vieh- und Hagelversicherungen, Rückversicherungen und Transportversicherungen;

---

1) Die Gebührenfreiheit der in Art. 271 aufgezählten Versicherungsbetriebe wurde im wesentlichen aus sozialen Gründen beschlossen (Verh. d. K. d. Abg. Bd. IX S. 876).

5. Versicherungen, die bei einem Vereine, der als kleinerer Verein im Sinne des § 53 des Gesetzes über die Privatversicherungsunternehmungen vom 12. Mai 1901 anerkannt ist, oder bei einem Vereine genommen werden, der unter den § 102 oder den § 103 des bezeichneten Gesetzes fällt"[1]).

Begründung:

Nach dem Entwurfe sollen von der Versicherungsgebühr außer den bereits bisher befreiten Versicherungen befreit sein:

a) die in der Ziff. 2 des neu vorgeschlagenen Art. 271 bezeichneten Versicherungen, weil diese mehr oder minder auf dem Gebiete des öffentlichen Rechtes liegen;
b) die Arbeitslosenversicherung, weil diese ebenso wie die in der Ziff. 1 des bisherigen Art. 271 bezeichneten Versicherungen zur Ergänzung öffentlichrechtlicher Versicherungen dient;
c) die kleinen Versicherungen (Ziff. 5 des neu vorgeschlagenen Art. 271);
d) die Vieh- und Hagelversicherungen, welche für die Landwirtschaft von besonderer Bedeutung sind;
e) die Transportversicherungen.

Die Besteuerung der Transportversicherungen empfiehlt sich nicht, da diese regelmäßig auf ganz kurze Zeit, meist nur auf wenige Tage, geschlossen werden und überdies die Feststellung der Prämie, die häufig in den Transportkosten inbegriffen ist, Schwierigkeiten bieten würde.

LXXIV. Im Art. 272 Abs. 2, 3 und 5 sowie im Art. 273 Abs. 3 wird statt „Versicherungsanstalten" gesetzt „Versicherungsunternehmungen".

Begründung:

Die Änderungen werden vorgeschlagen mit Rücksicht auf den Sprachgebrauch des Reichsgesetzes über die privaten Versicherungsunternehmungen (RGBl. 1901 S. 139).

---

1) Die jetzige Fassung der Ziff. 5 beruht auf Beschluß der Kammer der Abgeordneten, es wurde dadurch der Begriff der kleinen Vereine etwas näher auseinandergesetzt (a. a. O.).

LXXV. Im Art. 284 Abs. 1 hat der Eingang zu lauten:

„Wo das Gesetz für den Ansatz einer Gebühr oder einer besonderen Abgabe einen Spielraum gewährt, hat die Behörde den von ihr anzusetzenden Betrag . . . .“

Begründung:

Die Änderung ist erforderlich infolge der Einführung der besonderen Abgaben.

LXXVI. Im Art. 287 Abs. 1 wird das Wort „Personen“ ersetzt durch das Wort „Ausländer“[1]).

LXXVII. Nach dem Art. 291 wird folgender Art. 291a eingeschaltet:

Art. 291 a.

„Der Ansatz, die Einhebung und die Beitreibung der im Art. 215 Abs. 2 und im Art. 220 bestimmten besonderen Abgaben obliegen den Behörden, durch welche der Ansatz, die Einhebung und die Beitreibung der für die Konzession oder die Erlaubniserteilung geschuldeten Gebühren erfolgt; der Ansatz und die Einhebung der für den Kleinhandel mit Bier bestimmten besonderen Abgabe obliegen der Behörde, an welche die bei Eröffnung des Kleinhandels im § 35 Abs. 7 der Reichsgewerbeordnung vorgeschriebene Anzeige zu machen ist, die Beitreibung erfolgt durch das Rentamt. Die näheren Vollzugsanordnungen erläßt die Staatsregierung.“[2])

Begründung:

Der vorgeschlagene Art. 291a trifft Bestimmung darüber, welche Behörden zum Ansatze, zur Einhebung und Beitreibung

---

1) Die neue Fassung des Abs. 1 beruht auf Beschluß der Kammer der Abgeordneten und entspricht Wünschen der bayerischen Notare; damit besteht für die Notare die Vorschußberechtigung und die Haftung aus der Nichtgeltendmachung dieser Berechtigung nicht mehr gegenüber außerbayerischen Deutschen, sondern nur gegenüber Reichsausländern (Verh. d. K. d. Abg. Bd. IX S. 877).

2) Art. 291a beruht teilweise erst auf Beschluß der Kammer der Abgeordneten (Verh. d. K. d. Abg. Bd. IX S. 877).

der besonderen Abgaben zuständig sein sollen. Er geht davon aus, daß die Ansetzung, Einhebung und Beitreibung der besonderen Abgaben mit jenen der Gebühren und Auslagen in den treffenden Fällen Hand in Hand zu gehen hat.

Die näheren Vollzugsanordnungen werden von der Staatsregierung zu erlassen sein.

LXXVIII. Im Art. 298 Abs. 2 werden die Worte: „mit Ausnahme der Gerichtsvollzieher" gestrichen.

Begründung:

Die Worte „mit Ausnahme der Gerichtsvollzieher" im Art. 298 Abs. 2 sind zu streichen, da zu einer ausnahmsweisen Behandlung der Gerichtsvollzieher angesichts der derzeitigen Gerichtsvollzieherorganisation ein Anlaß nicht mehr besteht.

LXXIX. Der Art. 303 erhält folgenden Zusatz: „Die Gebühr beträgt jedoch 1 Mk." [1]).

Art. II.

Dieses Gesetz tritt hinsichtlich der Bestimmung in Art. I Ziff. XII, 1 gleichzeitig mit dem Inkrafttreten des Einkommensteuergesetzes, im übrigen mit der Verkündung in Kraft.

Aus der Begründung:

Der Entwurf sieht davon ab, für die Landesteile, in denen das Grundbuch noch nicht für angelegt erklärt worden ist, eine besondere Übergangsbestimmung zu treffen, da sich das Erforderliche aus den Art. 313 und 315 des Gesetzes über das Gebührenwesen ergibt. Nach Art. 313 haben in den bezeichneten Landesteilen für die Gebühren in Hypothekensachen noch die seitherigen Bestimmungen Anwendung zu finden, die Gebühren für die Eintragungen in das Hypothekenbuch bestimmen sich also nicht nach dem Art. 116 des geltenden Gebührengesetzes, sondern nach dem Art. 88 des Gesetzes über das Gebührenwesen in der Fassung vom Jahre

---

1) Ziff. LXXIX ist die Folge eines früher gefaßten Beschlusses der Abgeordneten-Kammer (Verh. d. K. d. Abg. Bd. IX S. 877).

1892. Man könnte daran denken, die Sätze des Art. 88 in der gleichen Weise zu erhöhen, wie es der Entwurf für die des Art. 116 vorsieht. Der Entwurf nimmt jedoch hiervon Umgang, weil die Rücksicht auf die Grundbuchanlegung es rätlich erscheinen läßt, die Eintragungen im laufenden Hypothekendienste nicht zu verteuern. Nach dem Art. 315 bleiben zwar für notarielle Urkunden über Geschäfte des Liegenschaftsverkehrs die bisherigen Bestimmungen maßgebend, es haben jedoch an Stelle der bisherigen Gebührensätze die Gebührensätze des geltenden Gebührengesetzes zu treten. Hieraus folgt, daß die im Entwurfe vorgesehenen Erhöhungen der Gebührensätze für notarielle Urkunden — in Betracht kommt namentlich die Änderung des Art. 163 — auch dann gelten, wenn es sich um ein Grundstück handelt, das noch nicht unter Grundbuchrecht steht. Übrigens ist das Grundbuch nur in den Bezirken der Landgerichte Aschaffenburg, Schweinfurt und Würzburg noch nicht für angelegt erklärt.

Art. III.

In den unter die Abteilungen II und III des Gesetzes über das Gebührenwesen fallenden Rechtssachen, die vor dem 1. April 1910 anhängig gemacht worden sind, sind die Schreib- und Postgebühren bis zur Erledigung der Instanz nach den bisherigen Vorschriften des Reichs-Gerichtskostengesetzes in Ansatz zu bringen.

In den übrigen unter die Abteilungen II und III, sowie in den unter die Abteilung IV des Gesetzes über das Gebührenwesen fallenden Rechtssachen werden vom 1. April 1910 an die Auslagen nach den Vorschriften dieses Gesetzes berechnet.

Zu den in der Zeit vom 1. April 1910 bis zum Inkrafttreten dieses Gesetzes zum Anfalle gelangten Gebühren nach Art. 153 Abs. 1, Art. 218 Abs. 1 des Gesetzes über das Gebührenwesen werden die Beträge nacherhoben, die mehr zu erheben gewesen wären, wenn dieses Gesetz am 1. April 1910 in Kraft getreten wäre.

Art. IV.

Für die zur Zeit des Inkrafttretens des gegenwärtigen Gesetzes bereits anhängigen Streitsachen nach Art. 250 des Gesetzes über das Gebührenwesen in der Fassung vom 28. April 1907 bleiben die bisherigen Vorschriften maßgebend.

Dies gilt insbesondere auch von der Anfechtung der in der ersten Instanz ergangenen Entscheidung durch Beschwerde.

Begründung:

Da nach Art. I Ziff. IV, LIII[1]), LVI[2]) des Entwurfs auf die Entscheidung von Streitfragen über die Verpflichtung zur Entrichtung der in den Art. 25 Abs. 1, Art. 252, 258 bestimmten Gebühren, Besitzveränderungsgebühren und Gebührenäquivalente künftig nicht mehr die Vorschriften des Art. 250 (Entscheidung durch die verwaltungsrechtlichen Senate der Regierungsfinanzkammern in erster Instanz und durch den Verwaltungsgerichtshof in zweiter Instanz), sondern jene der Art. 47 bis 50 (Entscheidung durch die Landgerichte in erster und das Oberste Landesgericht in zweiter Instanz) Anwendung finden sollen, ist eine Übergangsvorschrift benötigt, welche sagt, wie es mit den bei Inkrafttretung dieser Neuerung bereits anhängigen Streitsachen zu halten sein soll. Der Entwurf will es für diese Streitsachen bei dem bisherigen Instanzenzuge belassen.

Art. V.

Die Staatsregierung wird ermächtigt, den Text des Gesetzes über das Gebührenwesen in der Fassung der Bekanntmachung vom 28. April 1907, wie er sich aus den in dem gegenwärtigen Gesetze vorgesehenen und aus den durch das Gesetz vom 16. Juni 1908, die Scheckproteste betreffend (Ges.- u. V.-Bl. S. 311), bewirkten Änderungen ergibt, unter der Bezeichnung „Gebührengesetz" durch das Gesetz- und Verordnungsblatt bekannt zu machen und die Richtigstellung der Verweisungen vorzunehmen[3]).

1) Jetzt: Ziff. LXV.
2) Jetzt: Ziff. LXIX.
3) Die im Entwurf auch vorgesehene neue fortlaufende Numerierung der Artikel wurde nicht zum Beschluß erhoben.

Begründung:

Bei den umfangreichen Änderungen des Gesetzes über das Gebührenwesen, welche der Entwurf vorschlägt, wird sich eine Neutextierung des geänderten Gesetzes nicht umgehen lassen. Bei diesem Anlasse würde es sich empfehlen, die bisherige Bezeichnung „Gesetz über das Gebührenwesen“ zur Vereinfachung in „Gebührengesetz“ umzuwandeln.

Gegeben zu München, den 29. April 1910.

Luitpold,

Prinz von Bayern,

des Königreichs Bayern Verweser.

Dr. Frhr. v. Podewils. Dr. v. Miltner. Dr. v. Wehner. v. Frauendorfer. v. Pfaff. Frhr. v. Horn. v. Brettreich.

Auf Allerhöchsten Befehl:
Der Ministerialrat
im K. Staatsministerium des Innern:
Knözinger.

FSC
www.fsc.org
MIX
Papier | Fördert gute Waldnutzung
FSC® C083411

Kolibri 360 GmbH
Ferdinand-Jühlke-Straße 7
99095 Erfurt, Deutschland
produktsicherheit@kolibri360.de